A LEGITIMAÇÃO NO ESTÁGIO ATUAL DO CAPITALISMO

CONTRACORRENTE

Michelangelo G. S. Trigueiro

A LEGITIMAÇÃO NO ESTÁGIO ATUAL DO CAPITALISMO

Edemilson Paraná
(coautor)

SÃO PAULO
2022

CONTRACORRENTE

Alameda Itu, 852 | 1º andar |
CEP 01421 002
www.loja-editoracontracorrente.com.br
contato@editoracontracorrente.com.br

EDITORES
Camila Almeida Janela Valim
Gustavo Marinho de Carvalho
Rafael Valim
Walfrido Warde
Silvio Almeida

EQUIPE EDITORIAL
COORDENAÇÃO DE PROJETO: Juliana Daglio
REVISÃO E PREPARAÇÃO DE TEXTO: Amanda Dorth
REVISÃO TÉCNICA: Douglas Magalhães
DIAGRAMAÇÃO: Pablo Madeira
CAPA: Marina Avila

EQUIPE DE APOIO
Fabiana Celli
Carla Vasconcelos
Fernando Pereira
Valéria Pucci
Regina Gomes
Nathalia Oliveira

Dados Internacionais de Catalogação na Publicação (CIP)
(Câmara Brasileira do Livro, SP, Brasil)

Trigueiro, Michelangelo G. S.
A legitimação no estágio atual do capitalismo / Michelangelo G. S. Trigueiro. -- São Paulo, SP : Editora Contracorrente, 2022.

ISBN 978-65-5396-054-1

1. Capitalismo 2. Capitalismo - Aspectos sociais 3. O Estado I. Título.

22-128183 CDD-330.15

Índices para catálogo sistemático:
1. Capitalismo : Economia 330.15
Eliete Marques da Silva - Bibliotecária - CRB-8/9380

@editoracontracorrente
Editora Contracorrente
@ContraEditora

SUMÁRIO

APRESENTAÇÃO[1]

Ao adentrar nas páginas deste livro, os leitores e apreciadores do trabalho do professor Michelangelo Giotto Santoro Trigueiro logo notarão que este ousado *A legitimação no estágio atual do capitalismo* configura, para além de uma vívida intervenção sobre a complexa conjuntura em que vivemos, uma oportuna síntese de sua frutífera trajetória intelectual. Aqui são mobilizados, na avalição de uma problemática central de nosso tempo, ideias e conceitos que vêm sendo desenvolvidos desde os seus primeiros trabalhos.

De seu modelo geral de análise à noção de operador social, de seu enquadramento do Estado à problemática da legitimação no capitalismo contemporâneo, da reflexão sobre a crise societal à oferta de propostas e prognósticos, culminando em considerações sobre o fazer das ciências sociais no presente, encontramos,

1 *Nota de coautor (EP)*: O professor Michelangelo G. S. Trigueiro, autor principal deste livro, faleceu em 18 de abril de 2022, cerca de um ano depois da conclusão deste manuscrito. Na ocasião, até pouco antes de seu falecimento, trabalhava em um outro projeto de livro, para o qual já havia escrito cerca de 20 páginas. Antes de nos deixar, ainda em 2021, Michelangelo teve acesso à apresentação desta obra, escrita por mim, no formato em que se encontra agora – uma singela reverência à sua trajetória e obra de vida. A ocasião de seu precoce falecimento reforça a importância deste ensaio e da homenagem que sua publicação materializa.

para além de novos aportes, uma intrigante costura de temáticas, reflexões e abordagens cuja operacionalização passou pelo crivo de seguidas investigações, publicações, debates e cursos – com muito dos quais tive o privilégio de me engajar e aprender diretamente.

Sendo este o caso, mais do que uma apresentação detida ao conteúdo das análises aqui apresentadas – algo que será realizado com mais propriedade no prefácio, pela professora Fernanda Sobral, a este texto compete, sobretudo, registrar uma singela homenagem ao seu autor, meu estimado mestre. Amigo e interlocutor de longa data que, no mais, me convoca a escrever um dos capítulos desta obra (capítulo V - "o estágio atual do capitalismo e sua crise") a partir de minhas pesquisas recentes, tão diligentemente por ele acompanhadas.

Professor titular aposentado do Departamento de Sociologia e do Programa de Pós-graduação em Sociologia da Universidade de Brasília (UnB), Michelangelo ocupou posições administrativas importantes dentro e fora da universidade, participando ativamente de sua vida política. Publicou numerosos livros e artigos, com pesquisas financiadas por distintas agências nacionais, se engajando, em várias ocasiões, em significativas experiências e diálogos acadêmicos internacionais. Orientou inúmeros trabalhos em todos os níveis de formação – dentre estes, minhas pesquisas de mestrado e doutorado entre os anos de 2013 e 2018. Tive o privilégio de ser um de seus últimos orientandos na UnB.

Michelangelo, é certo, construiu uma acurada trajetória como profissional, pesquisador e gestor acadêmico. Interveio publicamente, a partir de sua posição, em prol de causas justas. Mas aqueles que o conhecem por meio de suas intervenções e textos – sempre claros, diretos, objetivos e didáticos, regra da qual esta nova obra não foge – talvez consigam visualizar, como eu, que estamos diante, sobretudo, de um excelente *Professor* – no sentido pleno e forte do termo, tipo que se torna cada vez mais raro por uma triste conjunção de fatores que vive a universidade contemporaneamente (muitos deles discutidos neste livro), e que não convém desenvolver neste espaço.

O fato é que, em poucos pude testemunhar tamanha dedicação e esmero para com o ensino. A sua devoção quase sacerdotal à sala de aula contribuiu para mudar a vida de muitos. Na preparação exaustiva e cuidadosa dos cursos, na atenção às necessidades dos estudantes, na busca das formas mais justas e qualificadas de avaliação, no incentivo enérgico ao aprendizado crítico e autônomo, no reconhecimento parcimonioso – nada condescendente – ao esforço, na paixão contagiante com que conduzia cada uma dessas tarefas, o *Professor* Michelangelo marcou a formação intelectual de tantos, como eu.

Desnecessário desenvolver, porque evidente, sobre como isso reverberou no itinerário de seus orientandos. Com tirocínio ímpar para mapear as fontes de dúvidas, angústias e motivações intelectuais profundas (muitas vezes desconhecidas para nós mesmos), o *Professor* nos instava, por meio de esforços de interlocução que não raro se assemelhavam a verdadeiras sessões de análise, a arrancar da realidade, a construir de modo cada vez mais rigoroso e refinado, nossos objetos de pesquisa.

Apesar de haver convergência em pontos significativos de nossos trabalhos, nem sempre concordamos, naturalmente. O leitor que conhece nossas produções saberá mapear essas divergências. É de se esperar que isso seja igualmente válido para tantos outros de seus orientandos. Mas, feito o balanço, trata-se, aqui, de algo menor diante do incentivo, do apoio e da forma respeitosa, honesta e intelectualmente autônoma com que nós (particularmente ele) construímos essa relação, de orientação e troca. Sempre benevolente, Michelangelo foi compreensivo frente aos descaminhos de nossa *húbris* juvenil, buscando, sábia e pacientemente, ativar o que de melhor esta podia oferecer. Em muitos e tantos aspectos, se tornou, em suma, um modelo de como procuro hoje me relacionar com meus próprios alunos e orientandos.

Impossível, portanto, não aproveitar a alvissareira ocasião de publicação deste seu corajoso livro, no qual fui generosamente chamado a contribuir, para lembrar e agradecer a dedicação que ele nos concedeu ao longo de todos esses anos. Muito obrigado, estimado *Professor*.

EDEMILSON PARANÁ

Professor do Departamento de Ciências Sociais e do Programa de Pós-graduação em Sociologia da Universidade Federal do Ceará (UFC). Pesquisador do Conselho Nacional de Desenvolvimento Científico e Tecnológico (CNPq).

PREFÁCIO

Estou com mais um livro de Michelangelo Trigueiro para prefaciar, dessa vez sobre a questão da legitimação na sociedade contemporânea, tema que sempre lhe foi muito caro, desde a sua tese de doutorado, quando tratou da tecnologia agropecuária da Embrapa. Depois pude acompanhar, nesses inúmeros anos de convivência intelectual, como esse tema foi sendo desenvolvido em diferentes dimensões e em variados artigos e livros. Agora, no seu estágio europeu, ele nos brinda, em parceria com Edemilson Paraná, com um quadro analítico que aborda a legitimação e os fatos que a tornaram especialmente relevantes, na crise atual do modo de produção capitalista. Porém, além de elaborar essa análise da maior importância teórica com impactos de ordem prática, propõe a interdisciplinaridade do conhecimento, diante da complexidade do fenômeno, ao invés de reivindicar uma visão exclusiva da sociologia. Acresce-se ainda o fato de estar escrevendo um livro com um ex-orientando, atualmente professor da UFC, que descreve, na sua bela apresentação, a atuação de um verdadeiro orientador.

A primeira parte do livro se dedica à discussão do modelo analítico para abordar a problemática da legitimação e busca integrar diferentes aspectos da realidade social, como também apresenta determinados conceitos novos como o de "operador social" e discute outros já mais tradicionais, como o de legitimação e de

Estado. Segundo Trigueiro, legitimação significa o reconhecimento e a aprovação da dominação e a noção de operador social consiste em um conjunto de estruturas, práticas sociais e movimentos de luta na realidade social; ou seja, trata-se de um complexo de fatores que condicionam diretamente as atitudes e comportamentos dos indivíduos e grupos sociais, bem como os processos e objetivos institucionais, na produção e reprodução da dominação. O autor descreve a atuação de diferentes práticas sociais neste sentido como a prática científica e tecnológica, a prática educacional, a prática política e ideológica. Quanto ao Estado, destaca o fato de não ser um ente acima, nem a serviço de classes ou de grupos de interesses na sociedade capitalista, mas, ao contrário, dotado de autonomia relativa; isto é, possuindo condições efetivas de atuar, seja na coordenação do processo de acumulação capitalista, seja na necessidade de manter ou ampliar suas bases de legitimação. Porém, alerta o autor sobre o surgimento de um novo figurante e um novo complicador nesse processo, já que as novas tecnologias têm tido também um papel relevante nos processos de legitimação,

> na medida em que os indivíduos se sentem impelidos a atuar nas decisões, sem intermediações, agora sob a possibilidade técnica dos novos recursos informacionais, à mão dos indivíduos, em seus celulares.[2]

Ou seja, os avanços do capitalismo e suas crises dependem, também, do desenvolvimento de novas tecnologias, interligadas a determinados interesses.

A segunda parte do livro busca evidenciar características essenciais do modo de produção capitalista e analisa a crise capitalista atual. Edemilson Paraná mostra que o capitalismo, apesar de guardar caraterísticas gerais e abstratas que o definem enquanto

---

2 TRIGUEIRO, Michelangelo. *A legitimação no estágio atual do capitalismo*. São Paulo: Contracorrente, 2022, p. 112.

tal, não é um modo de produção rígido, estanque e invariável ao longo da história, antes o contrário: se modifica, se transforma e evolui. E, nesse sentido, nos anos mais recentes, ele pode ser definido por dois processos estruturais correlacionados: a financeirização neoliberal de um lado e uma nova rodada de "ascensão" das máquinas (informatização, robotização) do outro. Daí o diagnóstico do capitalismo contemporâneo se deter sobretudo em processos macrossociais concernentes à neoliberalização e à financeirização das economias. Já no que se refere ao papel do Estado, ele aponta

> uma captura ou diminuição da "autonomia relativa" característica do Estado capitalista; "autonomia relativa", essa, melhor seria dizer, que passa a ser instrumentalizada para outros fins que não a mediação entre as classes em favor da manutenção de condições gerais para a acumulação – a utilização desta autonomia para atender aos interesses específicos de uma fração de classe (vinculada à renda financeira), em detrimento, se preciso for, do crescimento econômico e da estabilidade política e social.[3]

Sob o neoliberalismo, o Estado passa, ele mesmo, a ser regulado ao invés de regulador do mercado. Também nessa parte do livro, consta um capítulo dedicado à crise societal, no qual é ressaltada a relevância de aspectos não necessariamente econômicos na análise do contexto atual do capitalismo, apontando que essa crise perpassa vários fenômenos culturais, morais e políticos. O eixo que orienta a discussão é a constatação do quanto se tornam necessários novos e importantes processos de legitimação, ou seja, a busca por novos padrões reguladores e de aceitabilidade de comportamentos. Não há como desvencilhar-se dos desafios trazidos pelo avanço do capitalismo e de suas crises recentes, sem, ao mesmo tempo, investir esforços na construção de novas bases de

---

3 TRIGUEIRO, Michelangelo. *A legitimação no estágio atual do capitalismo*. São Paulo: Contracorrente, 2022, p. 142.

legitimação. Mas também fica clara, nessa parte, a tensão crescente entre o capitalismo e a democracia, pelo menos na forma liberal e representativa, que passou a dominar nos últimos anos e que deve ser amplamente estudada pelas ciências sociais.

A última parte do livro procura, inicialmente, debater possíveis cenários para o futuro. Diante das crises recentes vivenciadas pelo capitalismo, elas não podem ser superadas com os recursos e as condições políticas do século passado, como foi, de certo modo, a crise de 1930, com um choque "keynesiano". Por sua vez, as bases de legitimação dessa sociedade estão definitivamente superadas e precisam ser repensadas. Daí a necessidade da repolitização do capitalismo, diferentemente do que tem proposto o neoliberalismo. Porém, destaca Trigueiro, cada vez menos haverá espaço para soluções circunscritas a um país, a uma realidade em particular; a tendência será que as principais questões atinjam a todos, embora com as marcas da história e do contexto de cada sociedade.

Outro ponto forte do livro é a indicação de novas possibilidades de resistência, como por exemplo, por meio das artes e da criação e utilização da inteligência artificial. Fica claro que o futuro é incerto e exige cada vez mais a chamada imaginação sociológica. Aspecto também abordado pelo livro, quando, ao final, é feito um levantamento de tópicos que poderão compor uma nova agenda de pesquisa para as ciências sociais, a depender dos interesses dos próprios pesquisadores, de suas equipes e tradições de pesquisa, dos recursos financeiros disponibilizados e de muitos outros interesses políticos e práticos. Porém, duas questões mais gerais são apontadas: a necessidade de mais

> estudos empíricos, em diferentes sociedades, visando a conhecer mais de perto e com mais pormenores suas peculiaridades e como cada uma deverá enfrentar a difícil e inadiável tarefa de construir novos critérios e formas de legitimação do poder, a atingir o Estado, as diferentes empresas e organizações não governamentais, o aparato

> jurídico prevalente, os movimentos sociais e as relações interpessoais, como um todo.[4]

e a interdisciplinaridade, pois essa

> nova agenda para as ciências sociais não pode prescindir de buscar construir um diálogo entre esses saberes, como partes de um mesmo todo, sob o risco de se cair no viés de um reducionismo sociológico, como se esta área do conhecimento, isoladamente, explicasse o que é fundamental na dinâmica social. Ao contrário, somos condicionados por um conjunto amplo de processos químicos e biológicos, hormonais, que muito condicionam nossas decisões e comportamentos, além, obviamente, dos fatos cujas consequências nem sempre prevemos ou que, em muitas situações, nos surpreendem e acabam por interferir diretamente na sociedade e nos arranjos, quiçá políticos, estabelecidos.[5]

No que concerne aos tópicos para estudos das ciências sociais, são destacados a crise ambiental e a necessidade de se repensar a construção identitária, as novas demandas por maior participação a partir de muitas críticas às formas tradicionais de democracia, de entender mais a fundo as raízes e as formas principais de organização de determinados movimentos religiosos. O conceito e a atuação do Estado também é um aspecto importante a considerar numa proposta para agenda das ciências sociais na atualidade. De um modo geral, esse objeto de estudo tem sido secundarizado, quando se trata de abordar o estágio atual do capitalismo, já que a ênfase tem recaído na análise de políticas públicas voltadas para cada ação concreta por parte dele. Por sua vez, não tem avançado muito

---

4 TRIGUEIRO, Michelangelo. *A legitimação no estágio atual do capitalismo*. São Paulo: Contracorrente, 2022, p. 225.

5 TRIGUEIRO, Michelangelo. *A legitimação no estágio atual do capitalismo*. São Paulo: Contracorrente, 2022, p. 226.

a discussão sobre a sua natureza, composição e grupos de interesse especialmente beneficiados em muitas dessas políticas. Nesse sentido, a coordenação do processo econômico, bem como sua condução em busca de legitimação, tem sido minimizada, talvez pela influência do neoliberalismo. Sem esquecer a importância da análise das

> práticas científica e tecnológica, que se colocam, hoje, como centrais, seja para a formulação das narrativas que as negam ou as minimizam, seja para a definição de novos rumos estabelecidos pelo desenvolvimento capitalista. Nesse tópico, se insere a necessidade de se compreenderem melhor as novas tecnologias de informação e comunicação, e, particularmente, a chamada inteligência artificial.[6]

Concluindo, o livro de Michelangelo Trigueiro com Edemilson Paraná oferece uma grande contribuição às ciências sociais, não só por sugerir uma agenda de pesquisa, mas também por abordar um tema atual e se constituir num belo exemplo de sistematização teórica com base empírica, discutindo outrossim uma ampla bibliografia clássica e contemporânea de autores nacionais e estrangeiros.Vale a pena ler e discutir, principalmente num contexto tão estimulante como o atual, quando a análise da relação entre capitalismo, democracia e legitimação se torna crucial, diante de fatos surpreendentes, como decisões recentes do governo dos Estados Unidos, país símbolo do capitalismo avançado, que começa a ensaiar passos no sentido de uma maior intervenção do Estado no setor social.

FERNANDA A. DA FONSECA SOBRAL

Professora aposentada e colaboradora do Programa de Pós-graduação em Sociologia (UnB). Atualmente é Vice-Presidenta da Sociedade Brasileira para o Progresso da Ciência (SBPC).

---

6 TRIGUEIRO, Michelangelo. *A legitimação no estágio atual do capitalismo*. São Paulo: Contracorrente, 2022, p. 229.

INTRODUÇÃO[7]

A história que a história não conta[8]

No início de março de 2020, a Organização Mundial de Saúde (OMS) declarou o que já começáramos a saber ainda nos primeiros dias desse ano, que o mundo vivia uma nova pandemia – a que se chamou Coronavírus-19 (ou, neste texto, simplesmente, Coronavírus). No início, alguns descrentes, outros assustados. Parecia algo inédito em nossa rotina. O mundo não se lembrava de qualquer coisa que passaria a ocupar o noticiário diário, paralisar quase todas as atividades, da economia ao lazer. O número de contágios

7 *Nota de coautor*: Cumpre informar que a maior parte deste livro foi escrito ao longo do ano de 2020, no início da pandemia de Covid-19, tendo sido submetido para apreciação editorial no início de maio de 2021. O processo para publicação levou pouco mais de um ano. Este foi, no entanto, como se sabe, um ano de muitos e intensos acontecimentos, no Brasil e no mundo. Em razão disso, algumas informações estão desatualizadas. Foi aventada a atualização do texto. No entanto, optamos por preservá-lo em seu estado original, já que, para além de tais desatualizações não prejudicarem o conteúdo, o autor Michelangelo Trigueiro faleceu em abril de 2022, antes do processo de revisão final das provas.

8 Trecho do Samba Enredo da Escola de Samba Mangueira no Carnaval carioca de 2019.

continuava a um ritmo impressionante, e, também, o de mortes. E o pior: não se sabia o que fazer.

Fomos todos surpreendidos e ainda estamos sem sinais claros do final dessa triste realidade a tomar conta do mundo todo, sem limitar fronteiras, raças, organizações sociais e tipos de sociedade. Não nos lembramos de nenhum registro desses, nos últimos cem anos, desde a terrível gripe espanhola, que matou várias dezenas de milhões de habitantes, tendo infectado cerca de 500 milhões de pessoas no planeta. O ano de 1920 foi considerado o de sua extinção.

Hoje, vivemos uma realidade parecida em termos de velocidade e tipo de contágio; a chamada gripe espanhola ainda teria sido mais devastadora que a pandemia do Coronavírus, considerada, esta última, até o presente. Muitos chegam a dizer que o pior já passou. Contudo, sabe-se pouco sobre a natureza da doença, suas eventuais reincidências e as possíveis "voltas", uma vez passado o "achatamento" inicial do contágio, isto é, a curva estatística que mostra a variação do número de casos, ao longo do tempo. Nesse sentido, alguns países que haviam superado sua fase mais crítica começam a contabilizar novo aumento de contágios. Para outros, a esperada vacina pode não ser de fato o encerramento da pandemia.

Ademais, somente depois de irmos retomando nossas atividades de antes é que poderemos ter uma noção mais aproximada dos estragos deixados, na economia, nas pessoas e em suas relações, no lazer, e assim por diante. Semelhantemente ao que ocorre após a passagem de um tufão, um terremoto ou um tsunami, é preciso que o pior tenha passado para se ter noção mais clara do número de estragos produzidos. O consensual é que, possivelmente, muitos dos acontecimentos deixados pela pandemia do Coronavírus, dada sua grande extensão, em termos de países e populações atingidas, poderá levar, a depender do tipo de sociedade ou de população e de suas relações com outros, a mudanças importantes nas atitudes e nos comportamentos das pessoas e em suas relações com as sociedades e com a natureza, nos padrões de organização e funcionamento de empresas, e no modo como o Estado atua junto à sociedade e se estabelece para lidar com inúmeras questões, entre estas, por exemplo, a saúde pública. Há quem diga que o próprio capitalismo deverá enfrentar desafios inéditos e passar por mudanças relevantes, para continuar a existir como um modo de produção e de organização social. Enfim, há muita coisa no horizonte, que vem com o final da pandemia.

Isto para não se falar nas crises que o sistema como um todo já vinha experimentando antes mesmo da pandemia: crises como a de 2008 e tantas outras, maiores ou menores, a atingir os sistemas democráticos e a vida das pessoas, bem como suas expectativas para com o futuro. Nesse sentido, se algumas coisas já vinham sendo sinalizadas num horizonte relativamente próximo, a julgar pela velocidade dos acontecimentos, entre estes os trazidos pelos avanços das novas tecnologias de informação e comunicação e pelas chamadas "redes sociais" (com o WhatsApp, Youtube, Amazon, Twitter, Instagram, Facebook e TikTok), em termos da necessidade de organização, funcionamento e regulação (para controlar o que se consideravam excessos nessas redes sociais) de inúmeras atividades, como aquelas ligadas aos sistemas de representação e de eleições, e, mesmo, das econômicas e sociais (nas requeridas demandas por novos serviços por parte das populações aos Estados nacionais), pode-se dizer que a pandemia foi, e ainda está sendo, uma espécie de catalisador de muitos processos e acontecimentos.

Todos esses fatos mais recentes e os demais mencionados, que vinham se acumulando, formam o pano de fundo das primeiras motivações deste trabalho, a saber: procurar fazer um diagnóstico da situação atual do capitalismo e do que entendemos suas crises estruturais e indicar direções prováveis para seus desdobramentos. Primeiro, ecoam antigas preocupações dos autores com os fatos (econômicos, sociais e políticos) relacionados à necessidade de compreender o estágio atual do capitalismo e suas crises, especialmente a que ocorrera em 2008. A que se deve esta última? É mais uma verificada no modo de produção capitalista? Ou, ao contrário, é estrutural? Se sim, qual a verdadeira natureza do capitalismo, nem sempre revelada em narrativas oficiais, na grande mídia, ou em determinados textos de origem acadêmica?

Dentre o conjunto de questões ligadas a tal necessidade, como as de natureza tipicamente econômicas, ou da lógica estabelecida pelo modo dominante de produção e distribuição material, uma delas se sobressaiu, desde logo. Trata-se do que se chamou a problemática da legitimação, central para os clássicos da sociologia, segundo terminologias e acepções distintas. É central porque é o que faz, em última instância, um agregado de pessoas assentirem em conviver e aceitar regras comuns de organização e funcionamento. Deixando de lado os sistemas baseados no estabelecimento da força física, e mesmo com estes, em certo sentido, todas as comunidades e sociedades somente existem se houver alguma base de aceitabilidade das normas e decisões, devidamente acatadas, reconhecidas e seguidas pelas pessoas. Desse modo, parece-nos que vivemos um desses importantes momentos de nossa história, em que muitas coisas passam a ser profundamente questionadas, desafiadas e nem sempre seguidas, ou seja, os fundamentos de legitimação das sociedades; fenômeno, este, que, não se limita a uma ou outra sociedade apenas, mas a praticamente todas, dado o caráter de globalização que vivemos.

Se, de um lado, o capitalismo atual trouxe aspectos inusitados, vários dos quais em decorrência da emergência das novas tecnologias, bem como crise de grandes proporções, de outro lado, suscitou demandas e pressões de todo o tipo, que acabaram por engrossar o caldo das regras de sustentação e de aceitabilidade das sociedades, e a ameaçar erodir um tecido social, supostamente tácito, subentendido, mantido inquestionado, seja pelas seguidas formas de renovação de narrativas por parte dos grupos dominantes, seja meramente pela manutenção da tradição, ou pelo receio trazido por eventuais mudanças da e na ordem.

Contudo, em vista dos fatos que vinham se agravando nas sociedades, principalmente com o aumento das desigualdades, a depredação do meio ambiente, os problemas com a segurança, a educação, a mobilidade urbana, a moradia e o acesso aos sistemas de saúde, a eclosão do Coronavírus mostrou-nos que o que talvez pudesse ainda ser adiado (a ideia de "tempo comprado" de Wolfgang Streeck), minimizado ou esquecido, para os principais beneficiários do estágio atual do capitalismo – as questões mencionadas anteriormente. Embora muitos destes temas e questões tenham passado a ter força inapelável, que, para nós, evidenciava a urgência do tratamento do tema da legitimação. Enfim, essas foram as motivações iniciais do presente texto, as quais se desdobraram em outras, na medida em que nos aprofundávamos no tema original.

Logo no início, ficava claro que o modo habitual de tratarmos um assunto da seara sociológica precisava ser recolocado. Referimo-nos ao que passamos a chamar, criticamente, certo reducionismo sociológico quanto ao modo como, em geral, eram abordados assuntos dessa esfera do conhecimento. Assim, procuramos avançar em visão mais integrada da realidade, ao buscarmos relacionar diferentes aspectos da mesma, como o econômico, o cultural, o biológico e demais manifestações da vida. A pandemia do Coronavírus chamou-nos a atenção para essa necessidade, uma vez que, como estamos percebendo, não são necessariamente os acontecimentos políticos ou os econômicos que estão a ditar o ritmo e as mudanças pretendidas e as observadas, mas o mundo biológico, que compõe parte da natureza – bem como também compõem os elétrons, os meteoritos, as avalanches, os terremotos, os tsunamis e assim por diante. Tudo isso ainda é visto como certas "externalidades", isto é, como fatos inesperados que não são previsíveis por qualquer modelo econômico ou de outra ordem. É claro que sempre haverá acontecimentos imprevisíveis, mas daí a considerá-los meras externalidades vai um longo caminho.

Não estamos defendendo que um modelo possa ser simplesmente composto por aspectos bem distintos, como os pertencentes à sociedade e ao mundo biológico ou ao plano da natureza. A esse respeito há que se considerarem as diferentes ontologias de cada um dos componentes mencionados. Porém, em que pesem todas essas considerações, entendemos a necessidade de se buscar integrar e relacionar os vários aspectos constitutivos de nossa realidade. Isso atenua a pretensão de tentar explicar todos os fenômenos, meramente, pela sociologia ou mesmo por qualquer área do conhecimento em particular. Estas constituem elementos importantes em qualquer quadro analítico, mas estão longe de esgotar a tentativa de compreensão da realidade que nos cerca e na qual vivemos. Do contrário, como o que assistimos, no momento, diante da influência de algo ainda misterioso, como determinado vírus, podemos ser surpreendidos, como fomos, por acontecimentos que estão muito além do plano da sociedade, e que têm, como no mesmo exemplo, grande poder de desestruturar antigas e bem consolidadas relações econômicas e sociais, de modo geral.

Em suma, defendemos a importância de se construírem quadros explicativos mais abrangentes – menos reducionistas –, dito de outro modo, que procurem articular diferentes domínios e aspectos da realidade. No entanto, reconhecer esse fato e se esforçar para a construção de novos modelos teóricos, com vistas a atender a essa demanda não é suficiente. Somente a realização consequente de pesquisas pode identificar o peso e a influência de cada um desses aspectos, em cada sociedade, e em cada situação concreta.

Uma das consequências diretas das observações anteriores é a importância de se incluir a problemática ambiental na pauta e nos modelos explicativos do quadro atual do desenvolvimento capitalista. Se tal importância não é nova – pelo menos desde o século passado tem ganhado relevância –, atualmente, em face às crises recentes do capitalismo e de seus desafios e demandas inéditas, essa problemática vem à tona com uma força não desprezível; isto é, o que era considerada outra "externalidade", por parte dos principais adeptos da ortodoxia, passa a ser parte relevante de qualquer quadro teórico, econômico, político, sociológico, antropológico, e assim por diante. E os exemplos são multiplicados diariamente, a dar conta da limitação de se manterem modelos e pretensões analíticas que se reduzem apenas a um campo de manifestação dos fenômenos. Isso ficou bem claro para nós, no início destas reflexões.

Outro ponto, ligado ao anterior, que para nós foi relevante na construção da estratégia da presente análise, diz respeito ao que alguns autores chamam de certo economicismo nas análises de determinados fenômenos. Algo que, no senso comum, ouve-se como "tal ou qual assunto é coisa de economistas". Ou, então, "precisamos chamar um economista para nos explicar isso ou aquilo" – "só eles poderão nos dizer o que fazer a esse respeito". Enfim, fica a ideia de que, para certos fenômenos, são (ou devem ser) os economistas a dizerem a última palavra; afinal, "eles são os especialistas".

Não resta dúvida de que cada campo do conhecimento apresenta os especialistas para tratar de um assunto ou de outro. No caso em tela do Coronavírus, ninguém duvida de que são os biólogos, químicos ou médicos que estão à frente da cura ou da busca por uma vacina. Nesse sentido, apostamos no que fazem e em seus conhecimentos especializados, adquiridos e consolidados, tanto melhor, por anos de trabalho e laboratório. São eles, enfim, que, nesse caso, representam a ciência, e o que ela há de dizer deverá ser acatado. É na contraposição dessa linha que são colocados os chamados "negacionistas", ao desconhecerem, minimizarem ou negarem (daí o rótulo) os resultados e as narrativas provenientes dos ambientes científicos ou dos especialistas.

Essa observação poderia ser multiplicada, a depender do campo do conhecimento, em muitos casos científicos, em outros casos não, como os *experts* práticos ou de atividades realizadas e aprendidas ao longo dos anos. São, por exemplo, estes últimos, os eletricistas, encanadores, consertadores de relógios, ferreiros, carpinteiros e por aí afora. Em qualquer desses casos, são os especialistas – cientistas ou não – que teriam a palavra decisiva sobre determinada prática ou atuação profissional.

Isso é algo bem evidente. Contudo, é bem distinto de se estabelecer um domínio dos acontecimentos, mormente ligado à esfera social, ou dizer que ele seja da alçada exclusiva de um campo do conhecimento ou de especialistas. Não resta dúvida que estes hão de representar parte relevante nas narrativas e nas tentativas de interpretação e explicação de determinados fenômenos. Mas isso é bem diferente de colocá-los em um pedestal ou conferir a suas narrativas as únicas a considerar, ou mesmo as mais importantes, sobretudo se os fatos envolvidos dizem respeito à sociedade, a diferentes grupos sociais e às pessoas. Aliás, mesmo em situações como as que envolvem a saúde e as decisões médicas, embora, nesses casos, pelo valor que em geral já lhe são atribuídas (por exemplo, se o paciente deve fazer determinada cirurgia, ainda que haja consenso entre os escutados) seja de praxe segui-las, é a pessoa (a ser operada, por exemplo) que, em última instância, deve decidir de um ou de outro modo. Em algumas sociedades, a própria vida é da alçada exclusiva de cada indivíduo, não cabendo a eventual especialista ou representante do Estado determinar o que deverá ser feito.

Nada disso obsta às considerações anteriores, quanto à relevância dos especialistas, tampouco seu sentido inverso, principalmente se o objeto em questão for atinente à sociedade, à vida em comum ou às pessoas. No entanto, a prerrogativa auto assumida ou atribuída por outrem para que os economistas ocupem lugar de destaque na interpretação e explicação de certos acontecimentos da sociedade é algo muito questionável. Sobretudo, se, diante do objeto em tela, foco de nossa atenção principal neste ensaio, trata-se da vida das pessoas e do modo como estabelecem e reconhecem as regras referentes à aceitabilidade (ou não) das decisões de mando ou de organização e funcionamento de suas sociedades – o que estamos chamando, aqui, de a problemática da legitimação.

Ademais, está em questão um fato muito importante nesse cenário: a crise no atual estágio do capitalismo; crise, esta, que não se origina, por suposto, tampouco se limita à esfera da economia, mas que a transcende, ao chegar nos ambientes domésticos, na organização das famílias, nas organizações produtivas, na política e na cultura, de modo geral – o que iremos tratar mais sistematicamente como "crise societal".

Diante disso, assim como buscamos, aqui, evitar o que chamamos reducionismo sociológico, para tratar dos acontecimentos do mundo presente –comparativamente, por exemplo, ao mundo biológico –, nos colocamos em posição crítica relativamente à presunção de que os economistas devam ter a última palavra sobre os acontecimentos que envolvem a fase atual do capitalismo e suas peculiaridades. Nesse sentido, ao invés de reivindicarmos qualquer posição sectária da sociologia, o que, de outro modo, também seria amplamente criticável diante da complexidade do fenômeno a ser tratado, defendemos a necessidade de se estabelecerem pontes de entendimento e quadros explicativos complementares, na linha da propalada, porém justa, interdisciplinaridade. É outro objetivo que tencionamos neste ensaio.

Antes de seguirmos, um alerta: este trabalho não terá como objetivo específico tratar da realidade brasileira, embora, vez ou outra, seja citada, sobretudo no que tange ao tema central dele, a saber, a legitimação na fase atual do capitalismo, o que implica, necessariamente, abordar a crise contemporânea. A esse respeito, a situação brasileira, principalmente a que se verifica hoje, com o governo de Jair Bolsonaro, é exemplar em muitos aspectos. Nesse sentido, há vários fatos que ilustram bem, no cotidiano dessa sociedade, uma dinâmica muito tensionada entre grupos opostos, como a que se observa no contexto norte-americano e em alguns outros países da Europa, e que têm relação com o ascenso de uma direita radical, a qual tem colocado em xeque vários princípios estabelecidos pela democracia representativa ou liberal (aqui, tomadas como sinônimas).

Isto posto, tem-se, com o tema mencionado, algo bastante atual, a fazer parte de noticiários diários dos mais importantes periódicos do mundo. Fatos relevantes têm sido colocados em cena e, invariavelmente, questões há muito sedimentadas, que, em última instância, se referem a dogmas estabelecidos e a narrativas há muito inquestionadas, como as que dizem respeito a determinadas "verdades científicas". Um exemplo, por mais inusitado que pareça, é o que diz respeito à própria forma da terra – se redonda ou plana –, outro deles é o que traz à tona antigos e superados debates quanto ao significado e a atuação de posições consideradas comunistas, no que alguns chamam de "marxismo cultural". Expressão, esta, vazia, sem respaldo em tradições filosóficas e históricas importantes. Tudo isto, somado à relevância que tem ganhado as *fakenews*, na guerra entre verdades e mentiras, dá um pouco o tom da atualidade do tema que pretendemos abordar aqui.

Nessa linha de preocupações, de um lado, não faltam avaliações quanto ao que entendem ser grande "despolitização das massas", que, aos olhos de muitos analistas, não conseguem decifrar o extenso apoio que amplos segmentos sociais vêm dando ao crescimento dos que são chamados de "neofascistas". Por que as massas não conseguem perceber que estão sendo levadas, enganadas, incapazes de discernir o certo do errado? Perguntariam muitos. De outro lado, são responsabilizados o que entendem ser os maus políticos, corruptos e por aí vão. Esse é um debate posto e que ainda está longe de ser concluído, se assim o for, em razão dos muitos interesses, sentimentos, paixões, ciladas e muitas outras coisas, em geral, ligados ao modo como tem se dado o atual processo de acumulação de capital. O que torna o tema da legitimação e a necessidade de melhor se compreender a real natureza do capitalismo contemporâneo algo inescapável, seja para os especialistas, ou, feitas as devidas traduções, para o grande público. Aliás, informar bem e aprofundar as discussões – a envolver diferentes tipos de conhecimento e preferências teóricas e ideológicas – sobre esse assunto e muitas de suas implicações, é uma das necessidades inadiáveis, principalmente para os que lidam sistematicamente com temas considerados acadêmicos e, quiçá, para muitos outros, mais distantes. Contribuir para o conhecimento mais aprofundado dessa realidade é objetivo recorrente que procuramos perseguir com o presente estudo. Neste caso, o trabalho tem o cunho de apresentar um panorama geral de diversos acontecimentos, em que vários temas deverão ser abordados, ao invés de apenas um, em particular. É, desse modo, uma tentativa de fazer uma espécie de retrato da "paisagem"; daí buscaremos evidenciar o conjunto do que nos parecem os principais acontecimentos presentes em nosso cotidiano e no noticiário.

Em termos bem amplos, este é um trabalho voltado, de um modo ou de outro, à educação. Procurar compreender uma realidade obscura e muitas vezes confusa, apresentar uma narrativa consequente com o grande anseio de emancipação dos indivíduos, das razões de sua presumida opressão, de sua perda de autonomia, para que, dentre outras coisas, sejam tomadas boas decisões para si e, porventura, para seus ideais, o que, grosso modo, é parte da missão de educar, constitui-se, assim, em outro dos principais objetivos motivadores desse texto e reflexão. Nesse sentido, a legitimação e sua busca – como a aceitabilidade das normas e das deliberações que nela resultaram – serão uma espécie de fio condutor; embora não se pretenda esmiuçar um processo específico, que tenha resultado em uma ou em outra decisão ou em nova norma, estaremos especialmente preocupados com o conjunto de muitas questões que passam a se lançar, hoje, como foco das atenções a merecer tratamento deliberativo relevante por parte dos órgãos responsáveis por elas. Missão essa que, certamente, não é suficiente na busca pela emancipação dos indivíduos, sujeitos a várias influências, dominações e processos, muitas vezes alienadores.

Nesse grande anseio, o combate ao que se chama "negacionismo" – atitude e comportamento de contestar verdades já bem estabelecidas, como a que diz respeito à forma do planeta, para citar uma das mais bizarras – é também objeto de uma educação libertadora, e de práticas políticas consequentes, que desafia a todos aqueles preocupados com o destino da humanidade e sua evolução, sempre com vistas à construção de novas utopias; porém devidamente respaldadas e bem justificadas em termos argumentativos, independentemente do lado a ser defendido. De qualquer modo, nessa tarefa, é imprescindível o avanço do conhecimento e suas comprovações fáticas, bem como a consistência de argumentos. E, nesse anseio, uma das questões básicas diz respeito ao próprio negacionismo. Por que ele ocorre, hoje? A quem interessa e por que ocorre sua difusão? Por que tem se verificado a ampliação de um ceticismo sem qualquer fundamento fático sobre realidades bem estabelecidas, seja no campo dos fenômenos naturais, seja, também, no domínio dos acontecimentos históricos e de muitas teses e narrativas consolidadas? Enfim, são questões que formam uma espécie de pano de fundo ou de caixa de ressonância de muitos dos assuntos tratados mais adiante.

Um tópico que muito nos chamou a atenção na literatura examinada, é a ausência quase que geral do papel das designadas novas tecnologias, seja na discussão acerca dos processos de legitimação nas sociedades contemporâneas, seja no que concerne ao modo como tem se desenvolvido o capitalismo e às suas crises. O que, obviamente, chama a atenção dado o peso que têm assumido na dinâmica capitalista e na globalização, mediante o crescimento da produtividade, como decorrência da introdução de tais tecnologias nos processos produtivos, bem como das inúmeras estratégias adotadas pelos grupos hegemônicos, quanto à sua diversificação e à instalação de unidades fabris em locais muito distantes uns dos outros, conforme os interesses no jogo competitivo, o preço médio da mão de obra e a baixa ou inexistência de impostos, a depender de cada local.

Ademais, na construção de narrativas e "contra-narrativas" (para usar expressão de Lisa Campbell, citada ao final, ao abordar a relação entre biodiversidade e bioprospecção) científicas, políticas e ideológicas, as chamadas "redes sociais", que se apoiam em larga medida nas tecnologias de informação e comunicação – tipos de novas tecnologias, na acepção de Manuel Castells, que fundamentam o que ele chama de "informacionalismo" – são imprescindíveis, tanto em termos de *hardware* quanto de *software*. São indústrias poderosas ligadas a elas, e com altíssimo valor agregado, a compor as bolsas e os mercados de ações, que acabam por condicionar, em grande medida, as dinâmicas que presidem essas narrativas e contra-narrativas. Hoje, seja para o cientista e o engenheiro, seja para o indivíduo mais simples e com um mínimo de informações técnicas, tais novas tecnologias são essenciais para a pesquisa, a construção de novos equipamentos e para as tarefas e empregos mais corriqueiros, a exemplo dos chamados "taxis por aplicativos".

Assim, como não colocarmos as novas tecnologias no cerne da presente discussão, sob o risco de apequená-la ou de negligenciar um dos aspectos cruciais do novo modo de produção capitalista? Trazê-las ao centro desses debates e análises é, desse modo, outro objetivo a ser perseguido nestas reflexões. Não obstante, entendemos que elas, por si sós, valeriam um trabalho próprio, específico, sobre sua dinâmica evolutiva e o impacto que trazem ao cotidiano. Isso é feito, em parte, mas com muito maior espaço que irá merecer, aqui, no trabalho *A sociedade em rede* de Castells,[9] quase um visionário de muitos dos acontecimentos ora presenciados.

De tudo o que dissemos, ressalta-se a necessidade de se propor um quadro analítico o mais abrangente que pudermos, para abordar o tema da legitimação e dos fatos que a tornaram especialmente relevantes hoje, a saber, a crise do modo de produção capitalista. Nesse sentido, além de se buscar descreveros aspectos que a engendraram e que estão na base dos acontecimentos rotineiramente apresentados pelos noticiários, juntamente com a pandemia do Coronavírus, buscaremos apresentar o que consideramos um modelo de análise para tratar do assunto, que está na base de nossas principais preocupações, conforme procuramos listar de maneira breve anteriormente.

Contudo, tal modelo a ser proposto será visto apenas como mais um recurso – entre tantos outros trazidos por diferentes autores e campos do conhecimento. Não podemos perder de vista nosso foco primordial: a análise da dinâmica capitalista contemporânea e

---

9 CASTELLS, Manuel. *A sociedadeem rede*. São Paulo: Paz e Terra, 1999.

seus processos de aceitabilidade e reconhecimento – a legitimação –, sempre desafiados e recolocados sob pretensas novas justificações.

Isto posto, o trabalho versará sobre o que consideramos os aspectos centrais da crise atual, sua origem, o que teria levado à mesma, seus principais beneficiários e os atores que têm sido especialmente atingidos com a diminuição de sua qualidade de vida – da moradia à mobilidade urbana, do papel importante que têm desempenhado nesse processo, as novas tecnologias (especialmente as de informação e comunicação) e as redes sociais. Estas últimas serão abordadas tanto no que têm de desestruturadoras de antigas e bem consolidadas relações sociais – interpessoais e inter-organizacionais, em seu sentido mais amplo – quanto de elementos emancipadores, dos indivíduos e das sociedades. A ideia é evitar a esse respeito qualquer visão catastrófica ou, o lado oposto, ufanista, acerca da tecnologia. O que não implica assumir a visão de neutralidade, presente na maioria das análises sobre a ciência e a tecnologia; ao contrário, entendemos que há sempre determinado "conteúdo social", histórico, político e cultural, além, certamente, de seus aspectos econômicos, presentes na ciência e na tecnologia.[10] Porém, isso não significa que haja qualquer sentido previamente conspirador ou, ao invés, promotor de futuro e de conquistas positivas. É o que se encontra em análises como as de Philip Kitcher[11] sobre os seus "gráficos de significância" – para quem o contexto é fundamental no processo decisório que leva à construção de determinadas teorias científicas –, e as de James Robert Brown[12] a respeito do questionamento que faz sobre quem governa a ciência.[13]

---

10 TRIGUEIRO, Michelangelo. *Sociologia da Tecnologia*: bioprospecção e legitimação. São Paulo: Centauro, 2009.

11 KITCHER, Philip. *Science, Truth, and Democracy*. Oxford: Oxford University Press, 2001.

12 BROWN, James Robert. *Who Rules in Science*: an Opinionated Guide to the Wars. Cambridge: Harvard University Press, 2001.

13 Nessa reflexão, é muito importante a discussão que trata da distinção entre neutralidade e imparcialidade nas atividades científica e tecnológica. Para

Do que fica até o presente, destaca-se a centralidade do tema da legitimação no contexto atual do desenvolvimento capitalista. No livro, ela será tratada pormenorizadamente, em termos conceituais, ao abordar, tanto sua tradição, que remonta a Max Weber, quanto seu enfoque contemporâneo, notadamente presente nas obras de Jürgen Habermas, Claus Offe, Wolfgang Streeck, Richard Wolff, Gérard Duménil, Colin Crouch e Nancy Fraser. Enfim, em meio à diversificada gama de perspectivas e em face ao momento, entendemos ser a problemática da legitimação um dos grandes desafios teóricos a ser enfrentado.

O futuro, em decorrência de fatos como a pandemia do Coronavírus, a atingir o mundo como um todo, e em razão de importantes crises no modo capitalista de produção, é muito incerto e experimentamos apenas os primeiros passos para sua superação. Como se disse de outro modo, somente depois de passarmos as turbulências mais graves, que afetam a saúde e a economia das pessoas e das nações, e verificarmos o que teremos a resolver, se de pequena ou de grande monta, poderemos estimar, minimamente, o futuro que se aproxima. A julgar pelo que vem ocorrendo, alguns cenários podem ser especulados, como os que envolvem mudanças de atitudes e de comportamentos das pessoas na forma de organizar suas vidas e de produzir materialmente. Mas isso somente pode, ainda, ser imaginado, a depender de cada utopia formulada, cada sonho e cada expectativa quanto ao modo como iremos avançar na construção de sociedades mais justas e democráticas. No máximo, temos, meramente, e já não é pouca coisa, alguns sentimentos de que certas coisas ou muitas deverão ser mudadas. Nesse sentido, voltamos ao ponto em que começamos o presente trabalho: a pandemia teria sido importante catalisador, para ativar antigas e esquecidas emoções – por exemplo, quanto

---

aprofundar esse debate, veja TRIGUEIRO, Michelangelo. *Ciência, verdade e sociedade*: contribuições para um diálogo entre a sociologia e a filosofia da ciência. Belo Horizonte: Fabrefactum, 2012.

ao significado do que é viver junto, compartilhar, ser solidário – o que nos parece fundamental para a boa vida.

O risco e a imprevisibilidade não são aspectos novos na produção sociológica. De Ulrich Beck a Anthony Giddens é bastante pródiga a reflexão, sobre os rumos seguidos pela chamada modernidade. Contudo, é necessário especular mais, sermos criativos, buscar aquilo que Wright Mills chamou a "Grande Promessa" da sociologia, para imaginarmos, num trabalho que não pode ser meramente individual, mas de muitos e de modo interdisciplinar, e para entendermos o que de fato é novidade no presente, em termos de atitudes, comportamentos e organização social, e vislumbrarmos quais os sinais de futuro estariam embutidos neste momento. Para essa tarefa, também nos colocamos a serviço e pretendemos contribuir para aclarar um pouco o horizonte social, ainda muito turvo no presente.

Destacamos, nas últimas linhas desta introdução, algumas coisas que, mesmo com todas as eventuais ressalvas, nos parecem mais evidentes, a saber: a relevância da educação para formar públicos mais qualificados e bem informados, hoje, sobre os riscos e as novas possibilidades emancipatórias que se apresentam para todos nós; o papel e a relevância das chamadas grandes mídias nessa difícil tarefa de educar (bem informar e melhor esclarecer sobre a pluralidade e as diferentes posições que se apresentam em cada circunstância específica) – não restrita, apenas, aos professores e aos mais diretamente responsáveis por esse trabalho –; a importância crescente do Estado na regulação, manutenção de serviços primordiais e na criação de novos espaços de possibilidade de atuação dos vários atores que compõem o interesse público – contrariamente à tendência de algumas posições políticas em favor da redução do mesmo, ao que parece, a pandemia e a crise capitalista verificada sugerem justamente a necessidade de maior ação por parte do Estado, para garantir as condições mínimas de vida na economia, nas escolas, nas artes e na promoção da cultura, de modo geral; o destaque crescente aos chamados movimentos sociais, como atores que podem trazer novos elementos à cena política e às demandas sociais, como os que se verificam nas questões ambientais, ou, no passado, se constataram na conhecida "primavera árabe", em que as novas tecnologias tiveram atuação decisiva no enfrentamento dos regimes de força que se constata naquela região do mundo – ou seja, pelo que possuem de inédito, em termos de organização e reivindicações, em face à realidade constituída, os movimentos sociais podem representar forças disruptivas consideráveis, a serem consideradas no jogo político que se apresenta.

Todos esses aspectos são motivo de controvérsia, obviamente, pois tocam em assuntos que interessam a vários atores. Contudo, não se tratam, por suposto, de simples manifestações de vontades, de mais listas de "boas intenções", ou, quiçá, de algo que "não tem respaldo na realidade". Ao contrário, entendemos serem aspectos factíveis, diante de várias possibilidades que se colocam hoje. São chances reais, a se considerarem os rumos que muitos acontecimentos vêm tomando; ademais, encontram respaldo na literatura sobre o tema, como tencionamos comentar, mais adiante. São, no mínimo, cenários que se colocam diante de todos aqueles preocupados em formular prognósticos sobre o futuro; o que, apenas por essa razão, precisam ser levados em conta.

Finalmente, temos claro que somente a realização de mais estudos empíricos poderá responder a muitas das questões que ora nos preocupam. Ainda há, seja em razão dos fatos inusitados, seja devido à velocidade com que têm se dado os mesmos, pouca informação qualificada a respeito de um tema tão complexo quanto o do objeto deste livro. De um modo ou de outro, ressalta-se a necessidade de se ampliar a pauta ou a agenda para as ciências sociais, para estes e os próximos anos. Antigos temas das ciências sociais não dão conta de cobrir, conceitual e teoricamente, as novidades a que assistimos no âmbito das famílias, das organizações sociais, das artes, da cultura e dos comportamentos dos jovens diante dos novos recursos informacionais, por exemplo; lista, esta, que pode ser multiplicada, a depender do tipo de sociedade e dos novos padrões de relacionamento estabelecidos na globalização. São estudos que abordam a política, as novas tecnologias, a construção do conhecimento e os costumes. Em suma, há muito o que se pensar e o que se investigar nestes tempos. Tudo isso, sem perder de vista a fundamental contribuição dos clássicos de cada área e a bagagem acumulada. Como dispor desse importante acervo sem descuidar e não ser insensível às novas realidades? Esse é mais um dos desafios que temos que enfrentar.

Em termos meramente didáticos, pretendemos apresentar o trabalho em três grandes partes interrelacionadas. A primeira delas deverá se dedicar à discussão de um modelo analítico, construído com o propósito de tratar da problemática da legitimação ao buscar integrar diferentes aspectos da realidade em foco e sobre aspectos conceituais a respeitodo que chamamos "operador social" e do Estado. Essa parte será concluída com a reflexão acerca da legitimação, de sua complexidade e dos desafios para a atualidade. A ênfase, nesse momento, será a reflexão no nível messociológico, que consideramos o mais útil para uma adequada compreensão dessa problemática. Ao todo, cada item citado cobrirá um determinado capítulo, na primeira parte deste trabalho.

Uma segunda parte versará sobre a apresentação da crise capitalista e buscará evidenciar características essenciais do modo de produção capitalista, as quais, para nós, são os fundamentos explicativos da citada crise de 2008, e de outras ainda neste século. Nessa parte, serão dois capítulos: no primeiro destes – com maior ênfase na dimensão econômica – será feita uma descrição sistemática das transformações operadas no modo de produção capitalista; no seguinte, abordaremos o que estamos chamando de "crise societal", ao perpassar vários fenômenos, não os tipicamente econômicos, mas culturais, morais e políticos.

Finalmente, a última parte do livro, subdividida em dois capítulos, será dedicada a questionar possíveis cenários para os próximos anos, a julgar pelas direções e ritos seguidos pelos atuais acontecimentos, e abordará um levantamento de tópicos que poderão compor uma nova agenda de pesquisa para as ciências sociais, a depender dos interesses dos próprios pesquisadores, de suas equipes e tradições de pesquisa, dos recursos financeiros disponibilizados e de muitos outros interesses políticos e práticos.

***

Antes de adentrarmos à primeira parte, cumpre destacar, em uma nota importante, que as discussões deste livro referem-se, especificamente, a um dos tipos de sociedades não-primitivas, presididas sob o modo de produção capitalista. Jürgen Habermas[14] apresenta importante discussão a esse respeito. Em termos bem esquemáticos, para o autor,

> sociedade tradicional tornou-se habitual para referir-se aos sistemas sociais que, em geral, correspondem aos critérios das culturas superiores (*civitizations*); estas representam uma etapa determinada na evolução histórica do gênero humano. Distinguem-se das formas sociais mais primitivas: 1) pela existência de um poder central (organização estatal da dominação perante a organização por parentesco): 2) pela divisão da sociedade em classes socioeconômicas (distribuição dos encargos sociais e compensações sociais entre os indivíduos segundo a sua pertença às classes, e não segundo critérios das relações de parentesco); 3) pelo fato de estar em vigor algum tipo de mundividência central (mito, religião superior), que tem como fim uma legitimação (grifo não-original) eficaz da dominação. As culturas superiores encontram-se estabelecidas sobre a base de uma técnica relativamente desenvolvida e de uma organização do processo de produção social, mediante a divisão do trabalho, que torna possíveis produtos adicionais, por conseguinte, um excedente de bens para além da satisfação das necessidades

---

14 HABERMAS, Jürgen. *Técnica e ciência como ideologia*. Lisboa: Edições 70, 1968, pp. 60-67.

> imediatas e elementares. Devem precisamente a sua existência à solução do problema que só surge com a produção de um excedente, isto é, o problema de distribuir de modo *desigual* e, no entanto, *legítimo*, a riqueza e o trabalho segundo outros critérios diversos dos de um sistema de parentesco que tem à sua disposição. Para o nosso contexto, é relevante a circunstância de que as culturas superiores, com base numa economia dependente da agricultura e do artesanato, não obstante diferenças consideráveis de nível, só tenham tolerado, dentro de determinados limites, as inovações técnicas e os melhoramentos organizacionais. Como indicador dos limites tradicionais impostos ao desenvolvimento das forças produtivas, mencionamos o fato de que, até há cerca de trezentos anos, nenhum grande sistema social conseguiu produzir mais do que o equivalente a, quando muito, duzentos dólares *per capita* e por ano. O modelo estável de um modo de produção pré-capitalista, de uma técnica pré-industrial e de uma ciência pré-moderna, torna possível uma relação típica do enquadramento institucional com os subsistemas de ação racional teleológica: estes subsistemas, que se desenvolvem a partir do sistema do trabalho social e do *shock* do saber tecnicamente utilizável nele acumulado; jamais conseguiu, não obstante os seus consideráveis progressos, esse grau de expansão a partir do qual a sua "racionalidade" teria conseguido converter-se numa ameaça aberta para a autoridade certas tradições culturais legitimadoras da dominação.[15]

Nesse contexto, prossegue o autor,

> a expressão "sociedade tradicional" refere-se à circunstância de que o marco institucional repousa sobre o <u>fundamento legitimatório</u> (grifo não-original) inquestionado, contido nas

15 HABERMAS, Jürgen. *Técnica e ciência como ideologia*. Lisboa: Edições 70, 1968, pp. 60-62.

interpretações míticas, religiosas ou metafísicas da realidade no seu conjunto – tanto do cosmos como da sociedade.[16]

Na acepção do autor, também acompanhado pela presente reflexão a esse respeito,

> As sociedades "tradicionais" só existem enquanto a evolução dos subsistemas da ação racional dirigida a fins se mantém *dentro dos limites da eficácia legitimadora das tradições culturais*. Isto origina uma 'superioridade' do marco institucional, superioridade que certamente não exclui reestruturações induzidas por um potencial excedente das forças produtivas, mas exclui a dissolução crítica da *forma* tradicional da legitimação. Semelhante inatacabilidade constitui um critério significativo para a demarcação das sociedades tradicionais, relativamente àquelas que atravessaram o limial da modernização.[17]

Seguindo essa linha de argumentação,

> o "critério da superioridade" é, pois, aplicável a todos os estados de uma sociedade de classes estatalmente organizada, que se caracterizam pelo facto de que a validade cultural das tradições intersubjetivamente partilhadas (que legitimam o ordenamento existente da dominação), não é impugnada explicitamente e de modo consequente segundo os critérios de uma racionalidade universalmente válida, seja ela a instrumental ou a das relações estratégicas de fim e meios.[18]

---

16 HABERMAS, Jürgen. *Técnica e ciência como ideologia*. Lisboa: Edições 70, 1968, pp. 61/62.

17 HABERMAS, Jürgen. *Técnica e ciência como ideologia*. Lisboa: Edições 70, 1968, pp. 62/63.

18 HABERMAS, Jürgen. *Técnica e ciência como ideologia*. Lisboa: Edições 70, 1968, p. 62.

E prossegue:

> Só depois de o modo de produção capitalista ter dotado o sistema econômico de um mecanismo regular, que assegura um crescimento da produtividade não isento, sem dúvida de crises, mas contínuo a longo prazo, é que se institucionaliza a introdução de novas tecnologias e de novas estratégias – isto é *institucionaliza-se a inovação* enquanto tal. (...) Como, cada qual a sua maneira, já tinham sugerido Marx e Schumpeter, (...) O modo de produção capitalista pode conceber-se como um mecanismo que garante uma extensão *permanente* dos subsistemas da ação racional teleológica, abalando assim a "superioridade" tradicionalista do enquadramento institucional perante as forças produtivas. O capitalismo é, na história mundial, o primeiro modo de produção que institucionalizou um crescimento econômico autorregulado: foi o primeiro a suscitar um industrialismo que, em seguida, se pôde desligar do marco institucional do capitalismo e apoiar em mecanismos distintos dos da revalorização do capital, em termos de economia privada.[19]

Um ponto relevante a destacar nessa perspectiva, de acordo com Habermas, é que

> O limiar que existe entre a sociedade tradicional e uma sociedade que entrou no processo da modernização não se caracteriza pelo facto de, sob a pressão de forças produtivas relativamente desenvolvidas, se ter imposto uma mudança estrutural do marco institucional – este foi, desde o início, o mecanismo da história evolutiva da espécie. Novo é, pelo contrário, um estado evolutivo das forças produtivas que torna permanente (sublinhado não-original) a expansão dos subsistemas de ação racional teleológica e que, deste modo,

---

19 HABERMAS, Jürgen. *Técnica e ciência como ideologia*. Lisboa: Edições 70, 1968.

> impugna a forma com que as culturas superiores têm de legitimar (sublinhado não-original) a dominação mediante interpretações cosmológicas do mundo. Estas imagens do mundo, míticas, religiosas e metafísicas, obedecem à lógica dos contextos da interação. Proporcionam uma resposta aos problemas centrais da humanidade relativos à convivência social e à história da vida de cada indivíduo. Os seus temas são a justiça e a liberdade, e o poder e a opressão, a felicidade e a satisfação, a miséria e a morte. As suas categorias são a vitória e a derrota, o amor e o ódio, a redenção e a condenação. "A sua lógica ajusta-se à gramática de uma comunicação distorcida e à causalidade do destino que exercem os símbolos cindidos e os motivos reprimidos". (...) "ora bem, a racionalidade dos jogos linguísticos religada à ação comunicativa vê-se confrontada, no limiar da modernidade, com uma racionalidade das redações fim/meio, que está ligada à ação instrumental e estratégica. Logo que se chega a esta confrontação, instaura-se o princípio do fim da sociedade tradicional: entra em colapso a forma da legitimação da dominação". (...) O capitalismo, define-se por um modo de produção que não só põe, mas também resolve este problema. Oferece uma legitimação da dominação que já não desce do céu da tradição cultural, mas que surge da base do trabalho social. A instituição do mercado em que proprietários privados trocam mercadorias, que inclui um mercado em que pessoas privadas e sem propriedade trocam como única mercadoria a sua força de trabalho, promete a justiça da equivalência nas relações de troca.[20]

Enfim,

> (...) O princípio da reciprocidade é agora princípio de organização dos próprios processos de produção e reprodução social. Por conseguinte, a dominação política pode doravante

---

20 HABERMAS, Jürgen. *Técnica e ciência como ideologia*. Lisboa: Edições 70, 1968, p. 64.

> legitimar-se a "partir de baixo", em vez de ser "a partir de cima" (apelando para a tradição cultural).[21]

De acordo com o autor,

> Se partirmos de que a divisão de uma sociedade em classes socioeconômica se funda numa distribuição específica dos grupos, dos meios de produção relevantes em cada caso, remontando, por sua vez, tal distribuição à institucionalização de relações do poder social, então, podemos supor que este marco institucional se identificou em todas as culturas superiores com o sistema de dominação política: a dominação tradicional era a dominação política. Só com o meio de produção capitalista pode a legitimação (grifo não-original) do marco institucional religar-se imediatamente com o sistema o conteúdo peculiar do Direito racional.[22]

Assim, "o marco institucional da sociedade é só mediatamente político, e imediatamente económico".[23] Em outras palavras,

> A superioridade do modo de produção capitalista sobre os anteriores funda-se nas duas coisas seguintes: na instauração de um mecanismo econômico que garante a longo prazo a ampliação dos subsistemas da ação racional teleológica, e na criação de uma legitimação econômica sob a qual o sistema de dominação pode adaptar-se às novas exigências de racionalidade desses subsistemas progressivos.[24]

21 HABERMAS, Jürgen. *Técnica e ciência como ideologia*. Lisboa: Edições 70, 1968, p. 65.

22 HABERMAS, Jürgen. *Técnica e ciência como ideologia*. Lisboa: Edições 70, 1968.

23 HABERMAS, Jürgen. *Técnica e ciência como ideologia*. Lisboa: Edições 70, 1968.

24 HABERMAS, Jürgen. *Técnica e ciência como ideologia*. Lisboa: Edições 70, 1968.

A discussão precedente marca o terreno no qual irá se desenvolver o debate a respeito da problemática da legitimação, ao se restringir ao modo capitalista de produção. Esse fato aponta, não apenas para a fase histórica presente, crucial no debate acerca da legitimação, na mesma linha de argumentação seguida por Habermas sobre esse assunto, mas para os aspectos que consideramos críticos no estágio atual do capitalismo, que engendram suas maiores dificuldades, ao contrário ou minimizados pela abordagem desse último autor, para manter contínuo seu processo de acumulação. Daí entendermos a relevância de nos dedicarmos à compreensão dos fatores estruturantes das crises, sobretudo as mais recentes, a partir de 1930, no estágio atual do desenvolvimento capitalista. Assim, ao nos dedicarmos ao tema da legitimação não estaremos a considerá-lo nas diferentes fases da evolução das sociedades humanas, como em seus momentos mais primitivos; tampouco nos contextos presididos pelo que se designou "sociedades tradicionais", mas a focalizá-lo no âmbito do capitalismo.

PARTE I

PROPOSTA ANALÍTICA PARA TRATAR DA PROBLEMÁTICA DA LEGITIMAÇÃO E DO CAPITALISMO ATUAL

Esta parte do livro[25] apresentará nossa proposta para análise da problemática da legitimação no contexto atual do capitalismo. Não tratará, como se disse, especificamente, de qualquer sociedade em particular, mas muitos exemplos virão de algumas delas, que têm apresentado fatos relevantes e inusitados, e que ilustram de maneira destacada os argumentos que tencionamos desenvolver.

O Capítulo I tratará do modelo de análise e o abordaremos de maneira geral. Será destacada a noção de operador social, bem como os níveis micro, meso e macrossociológico de manifestação dos fenômenos; nesse ponto, destacaremos a relevância do nível mesossociológico, e como tem sido negligenciado pelas principais abordagens que tratam desse assunto, na literatura especializada.

O Capítulo II discutirá a noção de operador social e suas principais relações com os demais níveis e aspectos da realidade, apresentados no modelo de análise proposto anteriormente. Esse capítulo discutirá, principalmente, o conceito de prática social, que remonta à conhecida abordagem de Luis Althusser; também

25 O comentário e descrição desta parte do livro repete, de certo modo, o que se disse ao final da introdução, pois pretendemos dar ênfase e procurar deixar bem claro nossos propósitos com o trabalho.

serão comentados o papel do que chamamos de aparato jurídico e dos movimentos sociais.

Na sequência, em capítulo específico, trataremos da problemática do Estado, que apresenta relevância na abordagem sobre os processos de legitimação. Nesse momento, não faremos uma contraposição de diferentes perspectivas teóricas do Estado, assunto que, por si só, mereceria um livro, a exemplo do proposto por Martin Carnoy – *Estado e Teoria Política*. E há ainda muitas outras contribuições, como aquela legada por Norberto Bobbio, em *Estado Governo e Sociedade*. A ideia, nesse Capítulo, é que o entendimento aprofundado acerca destes autores e o debate dele decorrente fugiria bastante os propósitos principais do livro. O desafio será, então, situar a perspectiva teórica do Estado, sem se deter em minúcias.

Finalmente, ainda na Parte I, concluiremos com um capítulo sobre a legitimação. Seu objetivo principal será apresentar o significado que a mesma tem para nós e suas principais novidades em face às mudanças no estágio atual do capitalismo, especialmente suas crises. Dentro da linha adotada na primeira parte deste livro, não iremos nos preocupar em trazer à tona as correntes teóricas que têm dominado o assunto ao longo do tempo. Ao contrário, nossa intenção é procurar ir direto ao ponto, ou seja, destacar os aspectos centrais da problemática da legitimação, ao buscar evidenciar o que consideramos ter sido negligenciado ou omitido nas diferentes discussões sobre o assunto.

CAPÍTULO I

MODELO DE ANÁLISE PARA A LEGITIMAÇÃO NO CAPITALISMO ATUAL

Como temos repetido, o foco do presente estudo é a problemática da legitimação no contexto atual do capitalismo. Em termos gerais, legitimação significa, aqui, o reconhecimento e a aprovação da dominação. No Capítulo IV, daremos uma definição mais precisa desta expressão. Por ora, essa acepção geral é suficiente para os propósitos de se propor um quadro analítico global para sua análise. Vale insistir que não iremos tratar de qualquer sociedade em particular. As definições que irão presidir o capítulo são gerais, o que, por suposto, podem ser aplicadas, com as devidas ressalvas, em qualquer sociedade. Somente estudos empíricos poderão precisar os limites e as possibilidades da utilização do presente esquema analítico.

Outro aspecto a ressaltar é que deveremos evitar, como antecipamos na Introdução, o reducionismo sociológico – a abordagem que dá à sociologia a explicação definitiva e praticamente única dos fenômenos presentes na realidade, e o economicismo – viés semelhante ao anterior, que centra na economia a última palavra quanto ao entendimento dos acontecimentos. Iremos procurar nos afastar de uma e de outra visão, e buscaremos uma abordagem mais integrada dos vários aspectos. O que não significa negar os campos disciplinares e os *experts* em cada um desses aspectos, mas procurar articulá-los em um quadro analítico global.

Em termos meramente esquemáticos, a Figura 1, a seguir, apresenta uma espécie de síntese do quadro analítico proposto.

Figura 1 - Modelo de análise para a problemática da legitimação no capitalismo atual

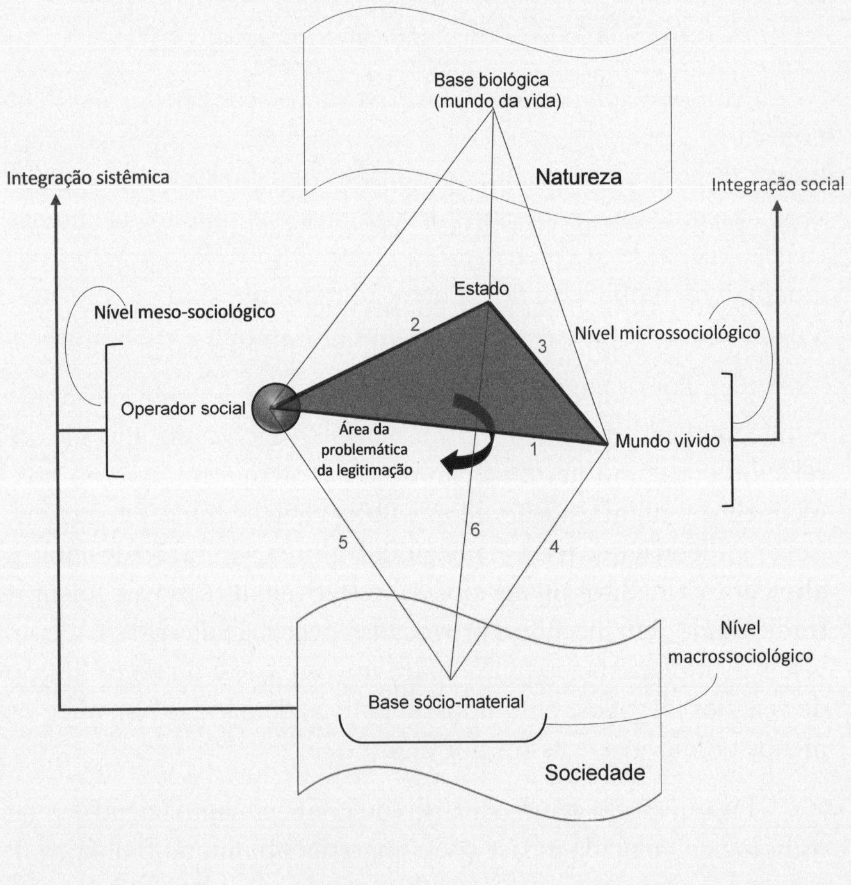

A primeira observação é que, na Figura 1, existem dois planos de manifestação dos fenômenos: a natureza e a sociedade. No plano da natureza, destacamos o mundo da vida, ou a base biológica. Contudo, nesse mesmo plano também estão outros fenômenos, como os terremotos, os tsunamis, o choque de meteoritos com a Terra, além de mudanças climáticas e outros acontecimentos naturais. No outro plano, o da sociedade, (a base sócio-material) fazem parte todos os fenômenos que dizem respeito às relações entre as pessoas e os indivíduos: as diversas formas de organização – empresariais, familiares, educacionais, artísticas e ligadas a benefícios e aos serviços sociais –; as práticas sociais de vários tipos, como as econômicas, políticas, culturais, ideológicas; e as relações entre as nações e os blocos geopolíticos.

Ambos os planos (da natureza e da sociedade) são objeto de nossa atenção, como as eleições gerais, o impacto das novas tecnologias, o desemprego e a luta por melhores salários, por exemplo. As pandemias, os fenômenos decorrentes das mudanças climáticas e a queda de um meteorito são outros tipos de exemplos que, igualmente, mobilizam nossa atenção, para mais ou para menos, a depender do tipo e da extensão com que afetam a vida humana.

Embora cada um desses planos seja relativamente autônomo e independente do outro, há inúmeras situações em que eles se relacionam, como na obtenção de uma vacina, no próprio aparecimento e manifestação de um novo vírus – como é o caso de uma pandemia, que teria se iniciado, a última, em razão de hábitos alimentares inéditos ou devidos a interferirem na cadeia alimentar tradicional –, em incêndios provocados pela ação das pessoas, com vistas a ampliarem a extensão para novos pastos, ou na produção de veículos elétricos, para lidarem com as demandas por veículos menos poluidores, e assim por diante.

De um modo geral, o avanço do conhecimento, científico ou tecnológico, articula a base sócio-material ao mundo biológico. É o caso das pesquisas sobre novas biotecnologias, que se desdobram em diversas áreas e objetivos tecnológicos, a saber: pesquisas sobre células-tronco com o propósito de superar doenças crônicas ou incuráveis, a considerar o acervo hoje disponível; a utilização da biodiversidade para a produção de novas drogas e aromas; e a obtenção de novas vacinas para antigos e novos problemas.

A "base sócio-material" é constituída pelas relações econômicas, sociais, políticas e ideológicas que caracterizam determinado modo de produção e, mais concretamente, uma formação social concreta – uma sociedade, num tempo e num lugar determinado. É o componente fundamental da Figura 1, e que condiciona, em última instância, todos os demais elementos desse mesmo esquema analítico. Em termos mais práticos, constitui o atual modo de produção capitalista, e é onde são geradas as principais necessidades, conflitos e eventuais soluções presentes no mesmo.

Uma segunda observação refere-se, na Figura 1, aos três vértices que compõem o triângulo do centro. Um deles representa o mundo vivido, outro, o que se está designando por "operador social" – a ser mais bem conceituado no próximo capítulo –, grosso modo, é a instância que compreende os movimentos sociais, as várias práticas econômica, política, ideológica, científica, tecnológica, jornalística, segundo a terminologia althusseriana e o aparato jurídico, de modo geral. É no operador social que atuam as diversas organizações públicas e privadas, e as organizações não governamentais. O terceiro vértice refere-se ao Estado; sua formulação conceitual será objeto do Capítulo III deste livro. Esses três vértices são considerados fundamentais para a análise da problemática da legitimação no capitalismo atual.

Com eles, destacamos os três níveis que, em geral, fazem parte da análise sociológica. O microssociológico – em que se insere o mundo vivido e as relações interpessoais; o mesossociológico, que inclui o operador social – um dos focos centrais desta análise –; e o macrossociológico, da base sócio-material, na qual se estrutura o modo de produção e reprodução da vida material – a exemplo das relações econômicas, dos grandes acordos internacionais e da busca por hegemonia entre os países. O Estado, como procuramos indicar na Figura 1, tanto perpassa o nível macro quanto o mesossociológico, mediante suas agências e organizações ligadas ao atendimento de necessidades sociais, como escolas, hospitais e empresas produtoras de energia. Os partidos políticos são, igualmente (como o Estado), instâncias fronteiriças presentes e atuantes nos níveis macro e messociológico; e, particularmente, também condicionam determinadas relações interpessoais – nas motivações, discussões cotidianas e ações deliberadas de indivíduos.

O mundo vivido, na mesma acepção formulada por Jürgen Habermas, significa a instância onde ocorrem as experiências, vivências e emoções partilhadas entre os indivíduos. Fazem parte do mesmo não apenas realidades conscientes, mas, também, aspectos não reflexivos, reações automáticas e ações baseadas nas tradições. Para Habermas, é nesse mundo em que se dão o que chama as ações comunicativas. Neste livro, o mundo vivido é o responsável pelo que chamaremos, nas análises sobre a legitimação, de integração social. É aqui que se forma e reproduz a identidade dos grupos e de uma sociedade.

Por sua vez, a base sócio-material, o Estado e o operador social serão os responsáveis pela integração sistêmica na sociedade. Segundo o autor mencionado anteriormente, o nível sistêmico é aquele orientado por um agir técnico-instrumental ou estratégico (orientado pela relação entre meios e fins determinados). O sistema refere-se à reprodução material e ao intercâmbio – esfera econômica –, bem como à lógica da busca e manutenção do poder político. No esquema dual da teoria da sociedade de Habermas, em sua Teoria da Ação Comunicativa, esse nível é o responsável pela integração sistêmica da sociedade. Seja o nível sistêmico, seja o mundo vivido, cada um, ao seu modo, cumpre objetivos distintos na integração social, e, de certa maneira, são complementares. Nesse sentido, a integração social, responsável pela formação e reprodução da identidade de um grupo, uma comunidade ou uma sociedade, requer a existência de símbolos, de padrões de comportamento tradicionais (ou não) e de todo um aparato normativo para regular as relações entre os indivíduos, e depende de condições materiais objetivas e de condutas políticas – no nível sistêmico –, que dão sustentação e orientam as condutas desses indivíduos.

O vértice representado pelo operador social, conforme se verá mais adiante, tanto interfere na integração sistêmica, mediante as ações resultantes de organizações de todos os tipos, quanto na integração social, ao prover de sentido a vida dos indivíduos, nas manifestações artísticas e culturais, nos rituais religiosos e, mesmo, nas várias lutas políticas. Esse vértice está em destaque na Figura 1, em razão de ser aspecto decisivo na argumentação levada adiante em todo o trabalho.

A área sombreada na figura, ligando os três vértices, representa a problemática da legitimação. A ideia para representá-la como uma área e não como um vértice quer sugerir que tal problemática se constitui, necessariamente, como múltiplas e complexas interações que envolvem o Estado, o mundo vivido e o operador social, mediante várias relações de poder. A problemática da legitimação será objeto de discussão minuciosa no Capítulo IV.

Finalmente, cada vértice e a área sombreada, presentes na Figura 1, constituem instâncias relativamente autônomas; cada uma possui lógicas e processos próprios, não redutíveis a outra instância, embora todas elas estejam articuladas entre si. No entendimento destes autores, embora relativamente autônomas, essas instâncias e processos sociais são condicionados, em última instância, pela base sócio-material, e de modo determinante, pela biológica. O que se quer dizer é que existe certa hierarquia entre as várias instâncias e processos constitutivos da realidade, condicionados em última instância pelo modo de produção dominante. Em suma, cada vértice (e a área da legitimação) ocupa, nesse modelo, uma posição determinada e necessária; cada um contribui, à sua maneira, para a construção do todo que os reúne.

No entanto, todos eles dependem, de um modo ou outro, de uma base sócio-material e uma biológica.

Aqui, as principais relações verificadas na Figura 1 estão numeradas (de 1 a 6). Contudo, somente irão merecer atenção mais sistemática as de número 1, 2 e 3. As demais, bem como outras não indicadas poderão ser abordadas em futuras discussões. O que fica, no entanto, é a visão de conjunto, a complexidade das várias relações e processos e a dinâmica e relação entre os elementos que a constituem, de acordo com as premissas estabelecidas.

CAPÍTULO II

O OPERADOR SOCIAL

A noção de operador envolve a implementação de uma relação causal qualquer.[26] No processo de legitimação e no modo capitalista de produção, a articulação entre, por exemplo, a base sócio-material, o mundo vivido e o Estado se efetuam para a concretização de uma forma de dominação, de produção material, de afirmação e reafirmação de identidades de indivíduos e grupos sociais, e de atendimento a necessidades sociais do grande público, via uma série de mecanismos implementadores daquela relação. Sem o operador, poderiam ser indicados os elementos-chave causais dos processos de legitimação, bem como os relacionamentos entre esses elementos, no capitalismo atual, mas não se poderia dar conta de mostrar o modo como este relacionamento, efetivamente, ocorre.

Neste trabalho, o conceito de operador visa a fortalecer o argumento central de que a base sócio-material (e, num certo sentido, a base biológica), o mundo vivido e o Estado são partes

26 HEISE, David. *Causal analysis*. Nova York: J. Wiley, 1975.

indispensáveis nos processos de legitimação da dominação.[27] Assim, a noção de operador social consiste em um conjunto de estruturas, práticas sociais e movimentos de luta na realidade social; ou seja, trata-se de um complexo de fatores que condicionam diretamente as atitudes e comportamentos dos indivíduos e grupos sociais, bem como os processos e objetivos institucionais na produção e reprodução da dominação.[28] O fato de o operador social acionar e orientar a engrenagem do capitalismo e de sua legitimação liga-se à ideia de que a existência pura e simples de um conjunto de pressões e necessidades de diferentes grupos sociais, e a presença dos aparatos institucionais, não são suficientes para movimentarem os vários mecanismos dessa "engrenagem". Por um lado, as distintas pressões e necessidades de certos grupos da sociedade, apenas definem um espectro de possibilidades e demandas sociais, num dado momento de uma formação social concreta; por outro lado, as diversas instituições envolvidas dependem de muitas condições e recursos que ultrapassam consideravelmente o seu âmbito específico; ou seja, não são inteiramente autônomas nos processos de legitimação e no funcionamento do próprio capitalismo contemporâneo.

O operador social, como um conceito específico, nos processos de produção e reprodução capitalista, bem como em sua legitimação, atua no sentido de captar quais demandas e necessidades deverão, efetivamente, ingressar em tais processos, como opções organizacionais e atividades efetivamente selecionadas. Trata-se,

---

27 O termo "operador" tem sido utilizado, amplamente, em outras áreas do conhecimento científico, especialmente a física e a matemática, em operações efetuadas sobre variáveis ou funções, no cálculo vetorial. São exemplos: o "Operador de D'Alembert" e o "Operador Nabla"; este último, significando o operador vetorial que, multiplicado por uma função escalar, forma o gradiente da função, e, por uma vetorial, o rotacional.

28 No capítulo IV, serão abordados com mais detalhes o modo como a dominação é aceita e reconhecida nas sociedades, ao se tratar, mais especificamente, dos aspectos conceituais referentes à legitimação.

portanto, de um elemento de conexão entre a base sócio-material e o Estado. Além disso, o operador social também estabelece uma conexão entre a realidade objetiva (base sócio-material) e os aspectos subjetivos dos indivíduos em dada sociedade (suas expectativas, crenças e valores), interferindo no processo de produção e reprodução material e em suas inúmeras formas de resistência.

Diante disso, a utilização do conceito de operador social tem um objetivo específico: esclarecer de que modo as influências sociais são efetivamente transmitidas para a produção e reprodução material ou para um conjunto de organizações direta ou indiretamente ligadas a ele, e para seus principais agentes sociais, os indivíduos e grupos sociais.

Em termos meramente esquemáticos, a Figura 2 apresenta uma espécie de síntese dos aspectos que estamos tratando no início do presente Capítulo. Nela, buscamos ligar as necessidades sociais aos vértices da Figura 1. Com isso, pretendemos insistir que o operador social consiste em uma instância de conexão; não existe por si só, mas, ao contrário, possui determinada função no processo explicativo que tencionamos apresentar.

Figura 2 – Área de atuação do operador social

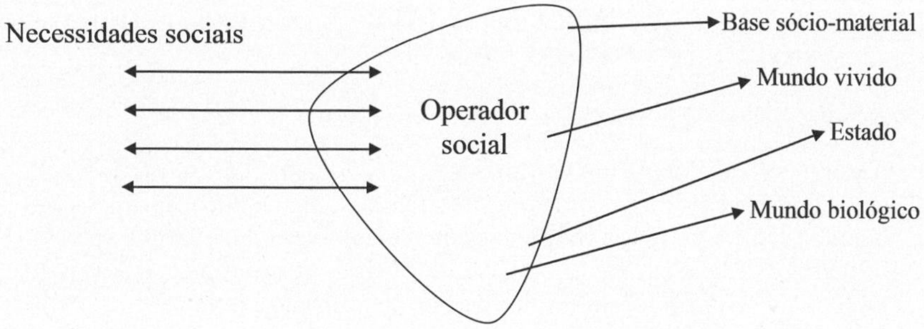

A Figura 3, a seguir, busca apresentar outra forma de representação da posição e da atuação do operador social, que a apresentada na Figura 2. O primeiro aspecto a considerar é a relação entre as necessidades sociais e o operador social, conforme assinalado na figura anterior. Na Figura 2, evidenciamos a dupla ligação entre ambos; isto é, tanto esse último decorre de necessidades sociais (as mais variadas, desde interesses econômicos, até demandas por novos serviços sociais, a serem proporcionados pelo Estado), quanto o surgimento de novas necessidades, em decorrência da atuação do operador social. Um exemplo é a produção de novos artefatos tecnológicos, como um telefone celular, que passa a gerar novas necessidades por serviços e por novas tecnologias, além de propiciar a ampliação de determinadas pautas de pesquisa, como se pretende deixar mais claro adiante; com isso, estamos ressaltando que há uma relação dinâmica, de condicionamentos recíprocos, entre as necessidades sociais e o operador social, ou seja, nenhum destes é fixo ao longo do tempo, e estão a motivar novos estudos empíricos. Um ponto importante a considerar a esse respeito é o ritmo em que têm ocorrido as mudanças operadas recentemente, a dificultar a melhor compreensão das mesmas e a realização de estudos empíricos.

Figura 3 - Uso esquemático do conceito de operador social

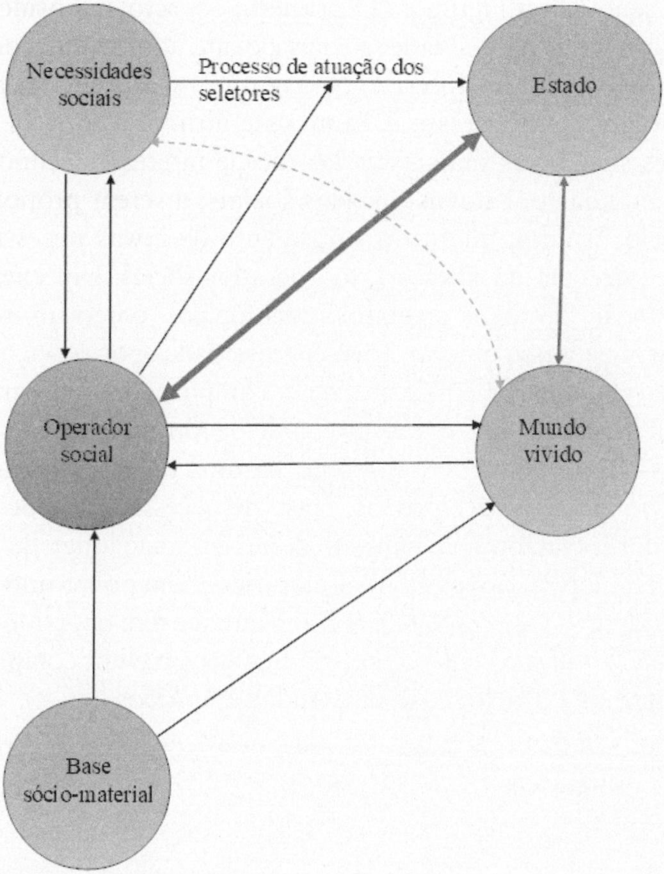

Na Figura 3, verifica-se, inicialmente, que relações do operador social partem para o mundo vivido – uma vez que muitos dos fatos e resultados gerados pelo mesmo interferem, diretamente, nos aspectos subjetivos e nas relações interpessoais, ao criarem condições importantes para a construção de atitudes e comportamentos, como no caso da produção de novos produtos obtidos pela atividade capitalista, bem como na construção e reconstrução de identidades, as quais são decorrentes da relação dos indivíduos e grupos sociais com outras instâncias da realidade social.

Outra ação direta do operador social, ilustrada na Figura 3, é a que se dá diretamente no processo de atuação dos "seletores", conforme estamos designando as forças importantes na definição e construção do Estado (ilustrado pela linha mais grossa de dupla seta, na figura, e por aquela – simples – que atinge a ligação entre as necessidades sociais e o Estado), a ser mais detalhado no Capítulo III. Grosso modo, os seletores são os aspectos que condicionam o Estado a assumirem uma estrutura determinada e a agirem em determinada direção e segundo certos interesses econômicos, políticos e sociais. Eles atuam no sentido de delimitarem ou "escolherem", à luz de pressões manifestas, quais os interesses que serão de fato processados pelo Estado, e que deverão resultar em sua estrutura e em suas ações e decisões; tais escolhas deverão ocorrer em ambiente de muita disputa e conflitos de toda ordem, em busca de hegemonia. Finalmente, os seletores atuam em um ambiente em que se chocam necessidades e interesses bastante diversificados, como os que visam à regulação do poder e às decisões do Estado – a se refletirem diretamente na legitimação –, referentes às necessidades de educação, saúde, mobilidade urbana, aproveitamento e utilização da energia disponível, e assim por diante.

A interferência direta do operador social em tais processos de atuação dos seletores e, consequentemente, no Estado (ligação 2 da Figura 1) decorre dos resultados produzidos por práticas sociais específicas ou por movimentos sociais, que são os responsáveis, em larga medida, pela dinâmica social, gerada e determinada pela base sócio-material – representada na Figura 3 pela ligação desta última ao primeiro. A propósito, a base sócio-material também interfere diretamente no mundo vivido, conforme indicado nessa mesma figura, o qual, por sua vez, acaba por exercer determinada influência no operador social – também de acordo com a dupla seta entre ambos, na Figura 3. Tudo isso quer indicar a complexidade e a dinâmica presente no estágio atual do capitalismo, bem como em seus processos de legitimação, como aqueles representados no esquema pela relação entre as necessidades sociais e o Estado. Ademais, pretendemos evidenciar a intrincada rede de relações dos fenômenos relativos à legitimação no estágio atual do capitalismo; e, também, nos distanciar de visões muito simplificadas ou que tratam do que consideramos apenas a superficialidade do fenômeno mencionado.

Se, de um lado, parece-nos relevantes, a esse respeito, as contribuições teóricas e seminais de autores como Jürgen Habermas e Claus Offe, bem como de autores mais atuais, como os mencionados na Introdução, a serem destacados no Capítulo III, por outro lado, essas contribuições são insuficientes para dar conta dos novos fenômenos trazidos pelo contexto atual do desenvolvimento capitalista e pelas necessidades que se colocam, hoje, para maior conhecimento e aprofundamento do tema. A presente discussão é um dos esforços nesse sentido, mas, certamente, não a única, tampouco a melhor, necessariamente. Precisamos discutir mais o tema e realizar novos estudos empíricos, capazes de dar sustentação aos objetivos, aqui, pretendidos.

Outro aspecto importante a considerar é o papel das relações existentes entre o mundo vivido e outras instâncias presentes na Figura 3. A relação entre a base sócio-material e o mesmo (a de número 4 da Figura 1) constitui o horizonte social que, no limite, condiciona os vários processos identificados no mundo vivido; ou seja, em linhas gerais, as pessoas formam atitudes e interagem de acordo com o que é estabelecido pelo modo de produção e as ações identificadas como as mais gerais para os atores (no nível macrossociológico, a saber, acordos entre os países e enfrentamento entre eles, enfim, próprios do "sistema" no olhar do indivíduo comum) – representam, assim, o pano de fundo econômico, político e social, no qual se destinam as atenções partilhadas pelos indivíduos no mundo vivido.

Ao mesmo tempo, tais atitudes e comportamentos partilhados no nível micro da realidade social interferem e são condicionados pelas inúmeras ações desempenhadas pelo operador social, em seus três componentes básicos, como se verá adiante, nas organizações ali presentes, nas empresas, no aparato jurídico – de um modo geral –, e nos vários movimentos sociais (é o que representa a dupla seta entre o operador social e o mundo vivido, na Figura 3, e o que está assinalado como a ligação 1, na Figura 1).

Como parte relevante da legitimação do sistema, o mundo vivido interfere na estrutura e nos processos estabelecidos pelo Estado, o qual acaba por condicionar reações, atitudes e comportamentos verificados no nível micro de manifestação dos fenômenos – no mundo vivido (ligação 3 da Figura 1).

Por fim, há uma relação curva – ao sugerir uma ligação mediatizada por vários fatores – econômicos, políticos e culturais –, e tracejada entre as necessidades sociais – das mais simples às mais elaboradas – e o mundo vivido. Como estamos procurando argumentar, este último é uma instância fundamental na compreensão dos processos legitimadores e na reprodução do modo de produção capitalista.

Basicamente, são três os componentes do operador social: o aparato jurídico e suas organizações; as práticas sociais, cujos conceitos e tipos principais serão explicitados adiante; e os movimentos sociais. No que concerne ao aparato jurídico, ele sustenta e regula os inúmeros processos que orientam o capitalismo e seus fundamentos legitimadores. Além das normas publicadas e sancionadas pelas devidas instâncias, eles também se constituem nos tribunais, nas procuradorias e nas defensorias, bem como nos órgãos do Estado responsáveis pela elaboração das leis e dos códigos processuais.

2.1 As práticas sociais

De um modo geral, a noção de prática social remonta a uma formulação original de Louis Althusser.[29] Para esse autor, a

29 ALTHUSSER, Louis. *A favor de Marx*. 2ª ed. Rio de Janeiro: Zahar, 1979.

"prática" é concebida como "todo processo de transformação de uma matéria-prima determinada; transformação, esta, efetuada por um dado trabalho humano, que utiliza meios (de produção) determinados".[30] Desta forma, todo sistema unívoco de transformações específicas, operadas sobre matéria-prima, cujo produto é típico do sistema, constitui uma prática.

Diante disso, existem tantas práticas quantos forem os sistemas diferenciáveis de transformação. Contudo, estes sistemas não são percebidos como tais na realidade histórico-social empírica, mas são estabelecidos a partir do processo de transformação, próprio a uma das práticas diferenciadas: a prática teórico-científica do materialismo histórico, segundo o autor.[31]

Numa formação social concreta, pode-se distinguir, teoricamente, um conjunto de práticas, em que a "prática social" funciona como sua unidade. Neste sentido, não há prática em geral, mas práticas determinadas e singulares: a prática econômica, a prática financeira, a prática científica, a prática tecnológica, a prática jornalística, a artística, a educacional, a prática política e a prática ideológica, consideradas, aqui, estas últimas, especialmente relevantes para a análise do atual capitalismo e dos seus processos de legitimação.

Cada prática é vista como um sistema relativamente autônomo. No que tange à prática científica, por exemplo, ocorre a produção de conceitos ou a realização de experimentos (verificação). Isso não significa que esta produção seja isolada e autossuficiente na estrutura social. Ao contrário, a realidade social é composta por um conjunto de práticas articuladas entre si – um sistema de subsistemas; ou seja, a prática econômica e a financeira, que são operadas segundo suas características particulares, articula-se com

30 ALTHUSSER, Louis. *A favor de Marx*. 2ª ed. Rio de Janeiro: Zahar, 1979, p. 66.

31 ALTHUSSER, Louis; BALIBAR, Étienne; RANCIÈRE, Jacques. *Ler O Capital*. vol. 2. Rio de Janeiro: Zahar, 1980, p. 156.

a prática ideológica que a explica, justifica e, em certo sentido, a condiciona, com a prática política que a integra em seu movimento, e assim por diante. Com isso, destacam-se dois aspectos fundamentais: de um lado, a característica de especificidade de cada prática no conjunto dos demais processos sociais, e, de outro lado, as articulações das diferentes práticas e sua unificação com a prática social. Daí a ideia de que cada prática possui uma autonomia relativa na estrutura social.

Esse sistema articulado de práticas não é homogêneo; ao contrário, existe certa hierarquia entre as várias práticas identificadas numa formação social. Trata-se do conceito de "contradição sobredeterminada", que, se opondo às ideias de contradição (simples) de Hegel, significa que a "unidade complexa" é o "efeito pertinente" das práticas sociais; isto é, cada prática ocupa, ali, uma posição determinada e necessária. Cada uma contribui, à sua maneira, para a construção da unidade que as reúne. A prática econômica, e, crescentemente, a prática financeira, não necessariamente dominantes num dado momento da história de uma sociedade (embora seja, esta última, hoje), é aquela que encerra os fundamentos dominantes (não exclusivos), hoje, das várias práticas; assim, atualmente, a proeminência tende a ser a da prática financeira. O conceito de "causalidade estrutural" permite que se pense no mecanismo da prática social como a unidade dessas práticas diferenciadas e hierarquizadas.[32]

Dessas discussões deduz-se que uma prática não constitui uma instância empírica "pura" no seio de uma formação social.

---

32 Na abordagem de Althusser, determinada prática pode ser a determinante em uma formação social concreta, como a econômica, mas não necessariamente a dominante, como a prática religiosa; é o caso verificado em alguns países do oriente médio. A rigor, se tal prática é dominante em dado tempo e lugar de uma sociedade depende de estudos empíricos voltados especialmente a reconhecer (ou não) uma ou outra situação de determinada prática, ou de observações inferidas pelo pesquisador, no dia a dia, ou com base em discussões realizadas por especialistas. (ALTHUSSER, Louis. *A favor de Marx*. 2ª ed. Rio de Janeiro: Zahar, 1979).

Portanto, seja teórica, econômica, financeira, jornalística, política ou ideológica, nenhuma prática é "pura". A prática teórica, por exemplo, não se realiza de modo "abstrato" e sem as implicações dos "valores" e "interesses" políticos que, de algum modo, interferem em sua elaboração.

Enfim, a noção de prática, enquanto uma atividade de transformação de uma dada "matéria-prima" em um produto específico, mediante a utilização de determinados "meios de produção", implica a sua ocorrência dentro de uma estrutura de relações de produção (a base sócio-material). Este ponto é bem explicitado por Sousa e Singer,[33] ao afirmarem que:

> A especificidade da prática delimita o terreno no qual o conflito ocorre para a adaptação e acomodamento daquela prática, como uma condição de existência para a reprodução de relações sociais específicas, a exemplo de relações sociais capitalistas. Quando afirmamos que as práticas são irredutíveis a outros processos sociais, estamos dizendo que elas não se ligam de uma forma permanente às relações sociais capitalistas. Ao contrário, elas são formas de atividades separadas e distintas, sujeitas a conflito. Através do resultado deste conflito, as práticas servem, de uma certa maneira, como uma condição para a reprodução de relações sociais predominantes. (...) Em contraste com as teses da "redutibilidade" e "irredutibilidade", a noção de uma ciência relativamente autônoma aceita que a prática econômica, de alguma maneira fundamental, defina o terreno dentro do qual ocorrem, não apenas a prática científica, mas também outras práticas. A palavra "relativa" é crucial neste contexto. Ela revela os caminhos nos quais a ciência e a tecnologia se tornam condições para a prática econômica.

---

33 SOUSA, Ivan Sergio Freire de; SINGER, Edward Geraldo. "Tecnologia e Pesquisa agropecuárias; considerações preliminares sobre a geração de tecnologia". *Cadernos de Difusão de tecnologia*, vol. 1, nº 1, jan./abr. 1984, p. 11.

A prática econômica transforma determinados recursos disponíveis na natureza, por exemplo, do mundo biológico, em produtos comercializáveis e utilizados na troca e no consumo de necessidades humanas. Por sua vez, a prática financeira, que, hoje, é central no modo de produção capitalista, processa ações, fundos e títulos acionários na obtenção de outros títulos e ações vendidos no mercado, que rendem lucros e dividendos a seus portadores. Essa última prática se articula diretamente com a prática econômica, na medida em que as ações das empresas, que dependem de suas lucratividades e de seus desempenhos passam a receber um valor acionário e, consequentemente, a receber mais lucros e dividendos em suas trocas no mercado. Na medida em que se deu o avanço capitalista, especialmente a partir do século passado, a prática financeira passou a ser dominante, de acordo com a terminologia formulada por Althusser. Deu-se, assim, uma espécie de deslocamento da prática econômica, que, atualmente, representa um aspecto decisivo na análise e compreensão da dinâmica capitalista e de suas crises; o que repercute de modo central na atual problemática da legitimação.

Os avanços verificados nas práticas econômica e financeira não teriam se dado, no ritmo e nas formas assumidas, em termos globais, não fossem os progressos verificados nas práticas científica e tecnológica. De maneira geral, a ciência e a tecnologia constituem campos relativamente autônomos e distintos entre si, a definirem práticas específicas, embora crescentemente imbricadas no contexto atual do desenvolvimento histórico-social. Quanto à "prática científica", verifica-se que a sua "matéria-prima" é o conhecimento que se tem da natureza – física e social – e os interesses e as necessidades manifestas por novos conhecimentos, os quais serão transformados, mediante as teorias científicas existentes em um conhecimento mais aprofundado da realidade; conhecimento, este, capaz de explicar, sistematicamente, os vários fenômenos da natureza.[34]

---

34 A **explicação** não é o único "produto" da atividade científica, apesar de ser o seu primordial. A prática científica também inclui predição, controle e descrição.

A prática tecnológica, que se refere, aqui, à geração de tecnologias, distingue-se da prática científica, não exatamente em sua matéria-prima (ambas partem de um conhecimento sobre a natureza e de demandas ou necessidades provenientes da sociedade), mas em sua atividade de transformação e em seu "produto" propriamente dito; isto é, a atividade tecnológica, contrariamente à prática científica, objetiva, fundamentalmente, o controle e o domínio sobre a natureza.

Não obstante, as práticas científica e tecnológica estão, cada vez mais, imbricadas, ao cumprirem necessidades decorrentes do acúmulo do conhecimento e daqueles provenientes dos vários sistemas produtivos no capitalismo. Um exemplo típico é o que ocorre na produção das chamadas novas biotecnologias, que articulam inúmeros campos do conhecimento ao mundo biológico. São estes verificados em áreas científicas, na biologia molecular e na química de proteínas e na genética, na medicina, na bioinformática e na estatística; e, do lado da engenharia ou da produção tecnológica, propriamente dita, na produção de máquinas e equipamentos aplicados à pesquisa básica, na eletrônica e na obtenção de novos *softwares*, capazes de dar suporte e propiciar novos avanços no conhecimento.

De modo particular, as designadas novas tecnologias de informação e comunicação, e, particularmente, as chamadas plataformas digitais, são muito importantes nos avanços e nas novas condições dos vários processos produtivos e de relacionamentos entre os indivíduos e grupos sociais – naquilo que passou a ser conhecido como o fenômeno das redes sociais, que incluem plataformas digitais, telefones celulares, e diversos recursos informacionais.[35]

---

35 Como mencionado na Introdução, tais plataformas mais conhecidas são: o Google, o Facebook, o WhatsApp, o Instagran e o TikTok. Essas plataformas não se limitam a um objetivo específico – como o de constituir um sistema de busca no Google –, mas tendem, cada vez mais, a ampliar seus objetivos iniciais para muitos outros, como os da criação e construção de robôs e de drones, bem como de sistemas de locomoção aérea, e muitas outras necessidades tecnológicas e sociais. Essas possibilidades novas ocorrem em face ao imbricamento com

Tais novas tecnologias também integram e articulam inúmeros campos do conhecimento, científicos e tecnológicos, reforçando-os e condicionando-os reciprocamente, a envolver a microeletrônica, a ciência da computação, a robótica, a nanotecnologia (também presente nas novas biotecnologias) e as pesquisas sobre inteligência artificial, bem como a física, a estatística e a matemática, além de outras áreas. Nesse sentido, os resultados obtidos por um campo do conhecimento e da tecnologia, em particular, acaba por implicar novos avanços e, por sua vez, novas agendas de pesquisa nas universidades, nas instituições de pesquisa e nos laboratórios.

A prática jornalística transforma fatos em informações úteis e necessárias ao conhecimento e à tomada de decisões por parte dos indivíduos e grupos sociais. Hoje, elas são de fundamental importância em decisões referentes aos processos eleitorais e ao cotidiano das sociedades, ao servirem de parâmetro para ações estratégicas e para a formação de determinados consensos; numa palavra, nos processos de legitimação.

Diante dos recursos trazidos pelas novas tecnologias de informação e comunicação, e pelo surgimento e crescimento de forças políticas mais radicais, na chamada direita do espectro político, tem sido decisivo o papel desempenhado pela prática jornalística, seja no reforço a algumas das posições políticas que participam das disputas cotidianas e eleitorais, seja no esclarecimento do quanto de falso existe em certas narrativas – a exemplo dos negacionismos e das que se insurgem contra discursos científicos bem estabelecidos e difundidos; como a luta das *fakenews*, que, em certo sentido, tem dividido muitas pessoas nas populações de um país.

---

os interesses e as demandas capitalistas emergentes, e em razão do que alguns passam a chamar de “monopólios digitais”, pelo alto valor financeiro que tais plataformas detêm e pelo imenso público envolvido. Hoje, constituem-se em grandes impérios, responsáveis pela produção de muitas novas tecnologias, a comporem grande e diversificado parque industrial. (VALENTE, Jonas Chagas Lúcio. *Tecnologia, Informação e Poder*: das plataformas online aos monopólios digitais. Brasília: UnB, 2019. (Tese de Doutorado).

Também se destacam, atualmente, as práticas artísticas, cujos resultados são manifestações relevantes de necessidades expressivas, no campo da pintura, no da escultura, na música, no teatro e na produção cinematográfica. Sua relevância está, sobretudo, no exercício da liberdade de manifestação de tradições, de novos anseios e de críticas relevantes aos sistemas vigentes, que ameaçam tal liberdade, em suas esperadas atribuições para informar, conscientizar e divertir. É parte do lazer de um povo que cumpre função relevante na construção e reconstrução de identidades.

Ligada a essa prática, mas com objetivos mais específicos, está a educacional. Em termos bem amplos, a prática educacional é a responsável pela formação dos indivíduos, e esclarecimento de seus direitos e obrigações. Nesse sentido amplo, se insere a reprodução de valores considerados relevantes para dada sociedade, como o respeito ao próximo, à diversidade de opiniões, e a formação escolar e profissionalizante. Assim, é algo central em qualquer país, na medida em que forma cidadãos e os conscientiza de seus direitos e obrigações. Além disso, a prática educacional gradua os estudantes nos níveis fundamentais do conhecimento e nas universidades, bem como nos cursos técnicos, para desenvolverem uma atividade profissional. É por meio dela que os jovens tomam conhecimento dos resultados científicos e de seus limites e possibilidades. Diante disso, não se pode imaginar qualquer processo de legitimação sem a atuação da prática educacional, tampouco qualquer funcionamento e manutenção de atividades produtivas e aquelas ligadas ao Estado.

Por sua vez, a prática política parte de necessidades coletivas, demandadas pela dinâmica social e pelos interesses econômicos, e os transforma em situações de poder, de sua manutenção e reprodução. O objetivo primordial da prática política é a conquista e a manutenção do poder. Isso é feito mediante os partidos políticos, os grupos de pressão e as ações do Estado, em suas agências, órgãos reguladores e nas instâncias que cuidam da elaboração das leis – em seu aparato jurídico.

Finalmente, a prática ideológica é motivada pelas mais diversas necessidades e pressões sociais, e por determinadas narrativas, muito ou pouco difundidas, e se volta à produção de outras narrativas, cujos objetivos, conscientes ou não, são a justificativa de algum tipo de poder político. De certo modo, toda ideologia tende a mascarar e a esconder os reais interesses em jogo e quais deverão ser justificados – em termos de elementos relevantes da legitimação dominante. Essa acepção é identificada na literatura especializada, por exemplo, por Bobbio,[36] como a abordagem forte, que, de algum modo, remonta à tradição marxista, por associá-la à falsa consciência. Distintamente, é a chamada abordagem fraca, que relaciona a ideologia a qualquer conjunto de ideias e valores presentes em uma sociedade, que tem como função orientar a atuação política.[37] Atualmente, é muito relevante discutir o papel da prática ideológica, em vista da dinâmica capitalista e de seus processos legitimadores. Nela, se entrelaçam as demais práticas constitutivas do operador social, notadamente na construção de contra-narrativas, a exemplo das *fakenews*, cujo papel tem recebido crescente atenção nas práticas políticas contemporâneas, sobretudo na consolidação de posições consideradas mais radicais da direita.

Ao se examinarem os principais atores e organizações de cada uma dessas práticas, sem abordarmos o que chamamos aparato jurídico, tem-se o seguinte: a prática financeira é conduzida pelos bancos e empresas de créditos, assim como pelas seguradoras, agências de classificação de risco de investimentos e fundos de investimento; a prática econômica, pelas empresas e indústrias responsáveis pela transformação de recursos naturais em bens e serviços comercializáveis – aí estão incluídas as empresas privadas,

36 BOBBIO, Norberto; MATTEUCCI, Nicola; PASQUINO, Gianfranco. *Dicionário de Política*. Brasília: Editora Universidade de Brasília, 1998.

37 BOBBIO, Norberto; MATTEUCCI, Nicola; PASQUINO, Gianfranco. *Dicionário de Política*. Brasília: Editora Universidade de Brasília, 1998, p. 585.

as do Estado e aquelas sem fins lucrativos –, bem como pelas que realizam serviços, a atuarem nos diversos ramos e atividades presentes em dado momento de uma sociedade; as jornalísticas, conduzidas nas grandes ou pequenas empresas, privadas ou independentes, produtoras de informações e de editoriais; as artísticas, pelas oficinas, ateliês, cursos, os mais variados – de pintura, escultura ou de "performance" –, museus, teatros – públicos e privados –, e grandes indústrias produtoras de vídeos, séries para televisão e filmes, além de suas correlatas salas de exposição; as educacionais, realizadas em escolas formais ou não – públicas, privadas, ou mantidas por comunidades locais como é o caso, no Brasil, das universidades comunitárias –, profissionalizantes, e, hoje, as que são criadas e mantidas por organizações ou grupos ligados ao ensino à distância; e, finalmente, a política, conduzida pelos partidos e organizações públicas e privadas – em que se incluem as plataformas digitais, as empresas de consultorias e parte da mídia, responsável pela prática jornalística –, além dos órgãos do Estado mencionados.

Um comentário necessário diz respeito às chamadas ONGs (organizações não governamentais). É difícil dizer de antemão se estas fazem parte apenas de uma prática específica, do tipo educacional, por exemplo, uma vez que, em muitos casos, objetivam várias funções simultaneamente. Somente um estudo empírico pode identificar suas funções primordiais, a depender do local e dos grupos envolvidos, se comunitária ou voltada ao grande público, por exemplo. Isto posto, uma ONG pode atuar na interseção de várias práticas presentes em dado operador social – econômica, política, artística e educacional –, em apenas duas dessas práticas, ou em outras mais, em qualquer possibilidade de interseção de funções e atribuições.

O último componente do operador social, além do aparato jurídico, que justifica amplo estudo em separado, refere-se aos movimentos sociais, os quais, crescentemente, vêm ganhando importância nos processos legitimadores do momento atual do capitalismo, bem como nas reações de oposição e nas lutas contra o sistema.

2.2 Os movimentos sociais

Os movimentos sociais têm, no legado de Alain Touraine, suas contribuições seminais. Originalmente, o autor entende os mesmos como a luta dos agentes sociais (das "classes sociais") pelo controle do sistema de determinada ação histórica.[38] Para o autor, três princípios constituem um movimento social: o da **identidade** – relacionado à consciência dos indivíduos de fazerem parte de um grupo social determinado; o da **oposição** – ligado à condição de um grupo social poder reconhecer um "inimigo" ou adversário na luta pela hegemonia histórica; e o da **totalidade** – responsável pela visão global do sistema, visto como uma realidade que precisa ser superada em seu conjunto.

A par dessa concepção, podem ser identificados vários tipos de movimentos sociais na realidade concreta, os quais variam, a depender dos critérios de análise, desde a luta por interesses morais – éticos e legais –, até a luta pela superação radical dos sistemas vigentes, passando por um conjunto, hoje, bastante diversificado de atores e interesses sociais – ambientais, da defesa de consumidores, da luta pela terra, e de vários outros.

Há que se destacar, neste momento, a obra de Castells,[39] que se preocupa fortemente com as questões urbanas e as relacionadas ao avanço das tecnologias de informação e comunicação. Suas análises sobre as transformações recentes operadas na chamada democracia liberal ou representativa são muito importantes para termos mais claros os sinais das mudanças mais relevantes em curso, e que não podem ser negligenciadas na análise da problemática da legitimação e na dinâmica operada pelo estágio atual do capitalismo, suas crises e possibilidades emergentes, para sua superação.[40] Nessa abordagem, o

38 TOURAINE, Alain. *La production de la société*. Paris: Seuil, 1973.

39 CASTELLS, Manuel. *A sociedadeem rede*. São Paulo: Paz e Terra, 1999.

40 CASTELLS, Manuel (Coord.). *Outra economia é possível*. São Paulo: Zahar, 2019.

autor insiste na importância das redes sociais (em sentido mais amplo que o usual), na transversalidade dos movimentos sociais, na força que adquirem em sua dinâmica concreta em face às especificidades de cada movimentos e à localização, em termos geopolíticos, das mesmas, que resultam em diferentes níveis de organização, como empresas (as práticas sociais, discutidas anteriormente), ONGS e várias formas de associativismo.

São exemplos importantes de movimentos sociais no contexto atual: o Movimento dos Trabalhadores Rurais Sem Terra, o Movimento Nacional dos Catadoresde Materiais Recicláveis, o Movimento Indígena, o Movimento Negro, a Via Campesina, a Parada do Orgulho Gay, a Marcha da Reforma Urbana, a Ação Global contra a Pobreza, a Marcha Mundial das Mulheres e as Comunidades Negras Rurais Quilombolas (CONAQ), além de movimentos mais recentes como o *Occupy Wall Street* e todos aqueles identificados e empenhados na libertação de povos árabes – na "primavera árabe" –, e também aqueles em defesa do meio ambiente mundo afora.

Em todos estes tem sido muito importante o papel das novas tecnologias de informação e comunicação, tanto na organização e mobilização das pessoas – algo inédito se for considerada a tradição de luta e convocação dos movimentos sociais, em sua forma tradicional –, quanto em sua capacidade de atingir diversas redes e outros movimentos na luta e defesa de seus principais objetivos. Esse aspecto não pode ser negligenciado, atualmente, nas análises sobre os processos legitimadores e de contestação do sistema como um todo, do Estado e de outras esferas de atuação da sociedade, como na prática política examinada conceitualmente.

Enfim, o operador social, que se compõe do aparato jurídico, das práticas sociais e dos movimentos sociais será o foco principal da atenção desta reflexão, ao centrar suas preocupações no que chamamos o nível messociológico de manifestação da realidade social; nível, este, que consideramos minimizado em análises sociológicas consequentes e na formulação de novas agendas de pesquisa para esta área do conhecimento. É o que procuramos sintetizar na Figura 4, apresentada adiante, e que encerra o presente capítulo.

Figura 4 - Nível de atenção principal das discussões sobre legitimação

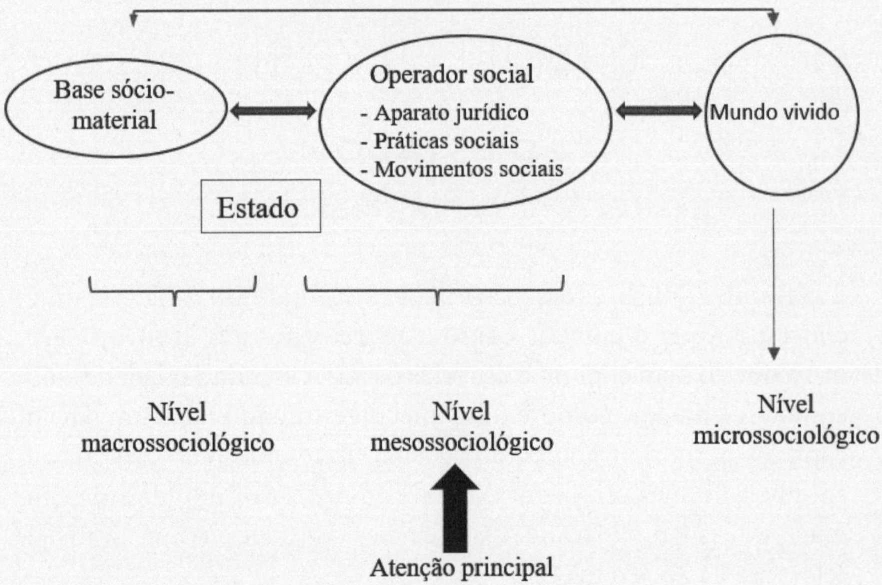

Apenas um comentário. Nessa figura, o Estado está situado entre os níveis macro e mesossociológico em razão de sua relação com operador social – discutido anteriormente –, e por sua natureza, com a base sócio-material (nível macrossociológico). A concentração da atenção principal deste trabalho nesse nível, deve-se ao fato de o mesmo, em geral, ter sido minimizado nas atenções de especialistas – preocupados, fundamentalmente, com o nível macrossociológico –, e por entendermos que é no nível mesossociológico que tende a se concentrar parte relevante das eventuais resistências atuais ao sistema e às transformações mais marcantes em certas práticas do capitalismo.

CAPÍTULO III

O ESTADO

Em grandes linhas, as discussões sobre o Estado variam entre uma concepção que o entende como algo neutro – um árbitro, mero provedor do bem comum e de todos os interesses da sociedade – ou como um ente que cumpre um papel determinado na acumulação capitalista, na reprodução do sistema dominado pelo capital, ou em favor do mesmo, de modo mais ou menos direto (abordagem marxista); isto é, a ideia de um ente não-neutro, que assume posição relevante na sociedade.

A linha adotada no presente trabalho é de matriz marxista, ao conceber o Estado como um ente não-neutro na reprodução do sistema capitalista e em seu favor. Certamente, não se está querendo dizer, com isso, que esse papel seja cumprido de modo necessariamente consciente por parte dos atores que o integram, embora também seja sustentável identificarmos alguns destes com forte preocupação em ocupar funções importantes no Estado, em seus órgão e agências, bem como em formular determinadas políticas voltadas à defesa de seus interesses.

Grosso modo, o Estado é concebido, aqui, como uma instância da sociedade, que consagra certos interesses presentes no capitalismo. Para usar expressão cara a Nicos Poulantzas, conhecido teórico ligado à perspectiva althusseriana, de base marxista, o Estado é a "condensação de relações de classes".[41] Nessa concepção, o Estado consiste em uma relação de interesses conflitantes e muitas vezes contraditórios, que, em última instância, tende a repetir a lógica da acumulação capitalista. Nessa acepção, estão presentes, tanto as principais classes (dominantes), com os conflitos e as tensões entre suas frações – que, no extremo, não colocam em xeque os pressupostos do sistema –, quanto as contradições entre as classes dominantes (com suas frações) e as dominadas, ou entre o capital e o trabalho. Este tensionamento entre as classes e suas frações, bem como entre os representantes do capital e os do trabalho, em visão muito estereotipada e simplificada da realidade concreta, pode, ademais, ser vista em inúmeras situações do dia a dia, e em determinadas políticas. É o que se constatou, por exemplo, na recente crise de 2008, quando o Estado tendeu a atender, prioritariamente, aos grandes grupos econômicos prejudicados, em detrimento da imensa maioria na realidade norte-americana, cujas residências hipotecadas lhes foram tomadas. Outros exemplos se verificam, como os do sistema de saúde desse país, criados visando os interesses particulares e não ao bem comum, a exemplo do que acontece em outras realidades, mesmo em centros capitalistas dominantes, como em certos países europeus.

Entretanto, reduzir a problemática do Estado, notadamente de um país capitalista, a uma lista de preferências, omissões e prejuízos é bastante simplificador, tanto em termos conceituais quanto em termos empíricos. Além disso, tal procedimento tende a obscurecer as reais possibilidades emancipatórias em face à dinâmica do contexto atual. Assim, precisamos examinar mais de perto algumas abordagens relevantes, que possam dar conta de evidenciar um pouco mais a complexidade do fenômeno em

41 POULANTZAS, Nicos. *As classes sociais no capitalismo de hoje*. 2ª ed. Rio de Janeiro: Zahar, 1978.

tela. Uma destas é a contribuição de Claus Offe a esse respeito, apresentada em várias publicações.

Para esse autor, na teoria de Estado marxista, pode-se constatar uma oposição entre duas perspectivas. Uma delas parte do princípio de que há uma relação instrumental entre a classe capitalista, por um lado, e o aparelho estatal, por outro, em que o Estado é compreendido meramente como o "instrumento" das classes dominantes, e por elas manipulado, de forma a realizar os interesses coletivos de seus membros. A visão alternativa parte do pressuposto de que o Estado não favorece em absoluto interesses específicos.[42] Em vez disso, ele protege e sanciona instituições e relações sociais que, por sua vez, constituem o requisito institucional para a dominação de classes do capital. Nessa acepção, o Estado não está a serviço, nem é "instrumento" de uma classe contra outra. Sua estrutura e atividade consistem na imposição e na "garantia duradoura" de regras que institucionalizam as relações de classe específicas de uma sociedade capitalista.[43]

Em outras palavras: o Estado capitalista está sujeito a uma "dupla determinação" do poder político: segundo sua forma institucional, a qual é determinada pelas regras do governo democrático-representativo; e segundo o seu conteúdo, caracterizado pelo desenvolvimento e pelos requisitos do processo de acumulação. Em nível teórico, a "forma-mercadoria" poderia, segundo Offe e Ronge,[44] ser encarada como o "ponto de equilíbrio geral" do Estado capitalista.

---

42 LENHARDT, Gero; OFFE, Claus. "Teoria do Estado e política social". *In*: OFFE, Claus. *Problemas estruturais do Estado capitalista*. Rio de Janeiro: Tempo Brasileiro, 1984.

43 OFFE, Claus; RONGE, Volker. "Teses sobre a fundamentação do conceito de Estado Capitalista e sobre a pesquisa política de orientação materialista". *In*: OFFE, Claus. *Problemas estruturais do Estado capitalista*. Rio de Janeiro: Tempo Brasileiro, 1984, p. 123.

44 OFFE, Claus; RONGE, Volker. "Teses sobre a fundamentação do conceito de Estado Capitalista e sobre a pesquisa política de orientação materialista".

Nessa linha, seu objetivo seria o de criar e preservar as condições sob as quais poderia perpetuar-se o processo de troca através do qual todos os valores da sociedade capitalista seriam reproduzidos. O fato de que certos grupos capitalistas (ou categorias da força de trabalho) sejam mais favorecidos que outros, não seria o objetivo precípuo, mas o subproduto necessário de uma política que estaria voltada, de forma abstrata, para a conservação e a universalização da forma-mercadoria.[45]

A política do Estado tenderia, crescentemente, a usar uma terceira estratégia "mais racional" – nem a que o coloca como um agente neutro, tampouco como mero executor dos interesses dominantes. Ao buscar aprofundar esse entendimento, os últimos autores entendem que as ações do Estado poderiam ser descritas como a criação política das condições nas quais se tornaria possível uma relação de troca – da forma-mercadoria – eficaz entre sujeitos jurídicos e econômicos.[46]

Os esforços políticos retirados com vistas à manutenção da forma-mercadoria fariam crescer aqueles ramos da produção estatal que, segundo sua organização interna e segundo seu "efeito de distribuição"– ou suas ações em direção a determinados interesses – estariam fora do âmbito da forma-mercadoria de uma contradição estrutural, de modo mais evidente, que poderiam ser harmonizadas (não, necessariamente, a prazos curtos), mediante o que os citados autores consideram medidas de equilíbrio "mais

---

In: OFFE, Claus. *Problemas estruturais do Estado capitalista.* Rio de Janeiro: Tempo Brasileiro, 1984, p. 126.

45 OFFE, Claus; RONGE, Volker. "Teses sobre a fundamentação do conceito de Estado Capitalista e sobre a pesquisa política de orientação materialista". *In*: OFFE, Claus. *Problemas estruturais do Estado capitalista.* Rio de Janeiro: Tempo Brasileiro, 1984, p. 128.

46 OFFE, Claus; RONGE, Volker. "Teses sobre a fundamentação do conceito de Estado Capitalista e sobre a pesquisa política de orientação materialista". *In*: OFFE, Claus. *Problemas estruturais do Estado capitalista.* Rio de Janeiro: Tempo Brasileiro, 1984, p. 129.

ou menos cautelosas"; ou seja, a de coordenar ações que visam a ampliar suas bases de legitimação, ao tempo em que exerce suas atribuições de coordenar o processo de acumulação capitalista, mas que não perderia, com isso, sua característica de ser uma fonte potencial de conflitos e lutas totalmente indefinidos e não previstos em suas consequências individuais, "cujo desfecho concreto depende, por isso, da ação política consciente".[47] Esses conflitos e lutas poderiam se iniciar (hipótese comprovável empiricamente de várias maneiras no contexto atual) nos elos mais fracos da cadeia das relações de troca, à luz desse referencial teórico. Embora, de acordo com eles, este fato constitua um enigma para muitos marxistas "ortodoxos", é praticamente inquestionável que os conflitos sociais e as lutas políticas mais importantes que se travaram durante os anos 1960, na Europa Ocidental e nos Estados Unidos, não se deram no interior do espaço constituído pelas relações de troca entre trabalho e capital, mas naqueles setores da produção social que estão funcionalmente vinculados à forma-mercadoria; e que não pertenceriam, pura e simplesmente, ao "universo da forma-mercadoria". Conflitos em escolas, universidades, prisões e organizações militares, assim como na área da habitação e de saúde, ilustrariam bem esse fenômeno; nesse sentido, tais conflitos poderiam, e, mais que isso, deveriam ser explicados tendo em vista o fato de que essas organizações administrativas representariam o ponto no qual se demonstraria com o máximo de clareza a erosão da relação de trocas no interior das próprias relações de produção capitalistas. Em outras palavras, não há como sustentar, hoje, a simples aplicação da oposição entre capital e trabalho na dinâmica capitalista. Vários autores dessa mesma tradição marxista, como Habermas, Touraine e muitos outros, tenderiam a concordar com essa interpretação. Para estes últimos, e boa parte da chamada

---

47 OFFE, Claus; RONGE, Volker. "Teses sobre a fundamentação do conceito de Estado Capitalista e sobre a pesquisa política de orientação materialista". *In*: OFFE, Claus. *Problemas estruturais do Estado capitalista*. Rio de Janeiro: Tempo Brasileiro, 1984, p. 135.

"Escola de Frankfurt", as relações de classe que envolvem essa oposição teriam recuado para um nível de latência, ao abrirem espaço a novos confrontos e formas de manifestação de resistência e de luta, a exemplo de muitos movimentos sociais, hoje verificados.

Entretanto, persistem aspectos centrais da abordagem sobre o Estado propostos por Offe, como sua discussão sobre a noção de seletividade, que, ao mesmo tempo que mantém suas premissas em um referencial teórico marxista, notadamente a respeito da importância do papel desempenhado pela forma-mercadoria, não se reduz a qualquer simplificação da realidade, como fariam alguns "ortodoxos", em nossa compreensão.

Dada a força heurística da noção de seletividade para cobrir parte relevante das explicações sobre a ação do Estado no contexto atual do capitalismo, e se afastar da visão tipicamente instrumentalista, bem como sua originalidade diante de várias outras contribuições na mesma matriz teórica, seguimos, também, a concepção de seletividade formulada originalmente por Offe. Não obstante, iremos apresentar uma formulação mais sistemática da mesma e desenvolveremos um conceito próprio.

Originalmente, Claus Offe apresenta-nos a noção de seletividade e de "seletividade divergente", para explicar sua abordagem sobre o Estado. Como assinalado anteriormente, o entendimento do autor procura se afastar, tanto de uma visão neutra, quanto de outra, instrumentalista, a respeito do Estado capitalista. Segundo Offe, a noção de seletividade procura avançar no que considera uma estratégia "mais racional" para o mesmo, mediante a "criação política das condições nas quais se torna possível uma relação de troca eficaz entre sujeitos jurídicos e econômicos".[48]

---

48 OFFE, Claus; RONGE, Volker. "Teses sobre a fundamentação do conceito de Estado Capitalista e sobre a pesquisa política de orientação materialista". *In*: OFFE, Claus. *Problemas estruturais do Estado capitalista*. Rio de Janeiro: Tempo Brasileiro, 1984, p. 128.

De forma simplificada, seletividade é a restrição não-aleatória (isto é, sistemática) de um espaço de possibilidades. É o que estamos propondo com a Figura 5, em que procuramos evidenciar o que o autor chama de espaço de possibilidades; isto é, o conjunto de leques de variação dos seletores – conforme conceituado, em termos gerais, no Capítulo II, em que tratamos da noção de operador social –, diante de demandas e necessidades, as mais distintas.

Figura 5 - Áreas de atuação dos seletores no ambiente social, econômico e político

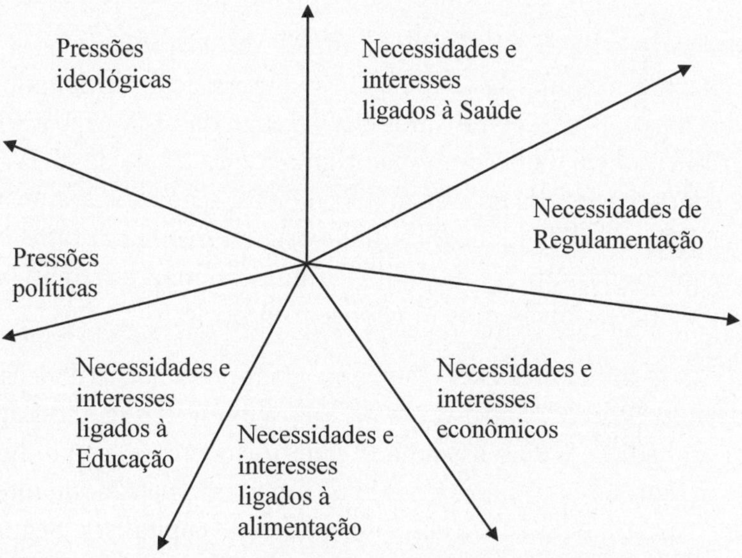

O conjunto das áreas de variação indicam algumas das importantes necessidades que delimitam a atuação dos seletores. Há muitas outras possibilidades que podem ser acrescentadas, a dependerem das condições e das demandas das sociedades. Ademais, o peso e a relevância de cada leque de opções de ação dos seletores e os que são considerados prioritários, em dado momento e contexto socioeconômico e político, somente podem ser devidamente estimados em estudos empíricos.

Argumentam os últimos autores que

> mecanismos de seleção, institucionalmente arraigados, podem ser identificados analiticamente no sistema político em pelo menos quatro níveis – estrutura, ideologia, processo e repressão. Eles constituem um sistema de filtros, um anteposto ao outro, cujo resultado – ou seja, atos soberanos concretos e processos políticos –, é determinado pelas operações cumulativas de seleção deste sistema.[49]

A noção anterior é complementada pelo conceito de "seletividade divergente", formulada originalmente por Murray Edelman. Ao citar esse autor, enfatizam Offe e Ronge[50] que:

> Pode-se pensar o nosso sistema como um sistema político dual: primeiro há um sistema de insumo-produto simbólico, centrado em torno das atividades eleitorais e representativas, incluindo os conflitos partidários, o comparecimento dos eleitores, as personalidades políticas, os pronunciamentos públicos, o desempenho dos papéis oficiais e certas formas ambíguas de apresentar algumas das questões públicas que mobilizam Governadores, Prefeitos e suas respectivas legislaturas. Em seguida, há um sistema substantivo de insumo-produto, envolvendo contratos multibilionários, dedução de taxas, proteções, descontos, doações, compensações de perdas, subsídios, benefícios e todo o vasto processo orçamentário legislativo, alocador, "regulador", protegendo e servindo os grandes interesses dos produtores,

---

49 OFFE, Claus; RONGE, Volker. "Teses sobre a fundamentação do conceito de Estado Capitalista e sobre a pesquisa política de orientação materialista". *In*: OFFE, Claus. *Problemas estruturais do Estado capitalista*. Rio de Janeiro: Tempo Brasileiro, 1984, p. 151.

50 OFFE, Claus; RONGE, Volker. "Teses sobre a fundamentação do conceito de Estado Capitalista e sobre a pesquisa política de orientação materialista". *In*: OFFE, Claus. *Problemas estruturais do Estado capitalista*. Rio de Janeiro: Tempo Brasileiro, 1984.

> ora contornando e ignorando a lei em benefício dos poderosos, ora aplicando-a com todo o seu rigor punitivo contra os heréticos e os "desordeiros". O sistema simbólico é extremamente visível (...). O sistema substancial se coloca raramente em evidência, não sendo levado em conta: [interessante aprofundar essa discussão do esforço em esconder-se por parte do sistema financeiro – comentário não-original]. A incongruência, meramente esboçada, entre os motivos mobilizados com a intenção de formar o consenso político, e as funções, ou necessidades funcionais que ocasionam essas políticas, fornece um segundo indício para as operações de seleção divergentes de um sistema político, que ao mesmo tempo exerce funções de classe e as desmente.[51]

Em suma, independentemente da terminologia usada, na noção de seletividade, é o próprio Estado – mediante ações de escolhas determinadas por parte dos seletores – que age como um ente capitalista, e não como mero instrumento de interesses que o atinjam; o que, segundo os autores citados, tornaria muito vaga a "hipótese das influências" – as ações que acabam por exercer algum tipo de pressão sobre o Estado.

Fica, então, evidente que o Estado não é um ente acima, nem a serviço de classes ou de grupos de interesses na sociedade capitalista, mas, ao contrário, é dotado de autonomia relativa; isto é, possui condições efetivas de atuar, seja na coordenação do processo de acumulação capitalista, seja na necessidade de manter ou ampliar suas bases de legitimação – aqui, representada pela ação dos seletores em dado ambiente social, econômico e político. Em outras palavras, na proposta dos autores, a autonomia relativa do Estado é, desse modo, sustentada. Nos vários casos, – na linha da

51 OFFE, Claus; RONGE, Volker. "Teses sobre a fundamentação do conceito de Estado Capitalista e sobre a pesquisa política de orientação materialista". *In*: OFFE, Claus. *Problemas estruturais do Estado capitalista*. Rio de Janeiro: Tempo Brasileiro, 1984, pp. 163-167.

neutralidade ou da abordagem instrumentalista – a relativa autonomia de que o Estado necessita para a formulação e concretização de interesses de classe capitalista seria destruída. A autonomia ou se tornaria absoluta (quando a ação estatal viesse a se submeter ao controle dos mitos fascistas e das agressividades liberadas) ou seria dissolvida (quando, por exemplo, o controle do Estado caísse nas mãos de um grupo bancário ou industrial, ou seja, a situação política de classes característica das "repúblicas de bananas").[52]

A situação apontada anteriormente é especialmente relevante na análise das recentes crises do capitalismo, e em várias propostas para sua superação. Diante do apresentado, tal superação tem limites estruturais para isso – no nível mais abstrato remonta à forma-mercadoria que preside o sistema, e que não pode ser meramente suprimida pela vontade de um grupo, em particular, o que implicaria na ideia de um Estado inteiramente autônomo –, embora, também, não se constituam como fixos no tempo, tampouco como realidades absolutamente intransponíveis. Nesse sentido, é a luta concreta dos atores, em seu jogo político e ideológico, e em suas inúmeras possibilidades de manifestação, algumas destas inéditas – como as que se verificam atualmente, com as possibilidades trazidas pelas novas tecnologias de informação e comunicação – que acabam por delinearem-se novos limites ao sistema e, eventualmente, sua superação.

Nas inúmeras possibilidades de definição e redefinição do Estado, no contexto atual, um aspecto chama particularmente a atenção: diz respeito ao que se poderia chamar tentativa de "ocultamento do Estado". Isto é, no jogo ideológico, o mascaramento e a ocultação da realidade e dos interesses de segmentos dominantes têm sido parte relevante da estratégia de alguns

52 OFFE, Claus; RONGE, Volker. "Teses sobre a fundamentação do conceito de Estado Capitalista e sobre a pesquisa política de orientação materialista". *In*: OFFE, Claus. *Problemas estruturais do Estado capitalista*. Rio de Janeiro: Tempo Brasileiro, 1984, p. 173.

desses segmentos, como a que se verifica nas ações de grupos que compõem o sistema financeiro.

Isso tem sido bem diagnosticado, ao se tratar esse sistema como hegemônico na dinâmica cotidiana do capitalismo em curso. Ao mesmo tempo, percebe-se um esforço em evitar revelar-se aos olhos do grande público, com vistas a diminuir as possiblidades de eventuais reações de oposição a determinados grupos pertencentes a tal sistema. O porquê desse fato e as várias estratégias utilizadas pelos mesmos em seu velamento é algo a merecer mais estudos. Contudo, é algo importante a considerar na compreensão da legitimação, em torno da qual se aceita e reconhece essa dominação. O pressuposto teórico é que o esforço na ocultação dos reais interesses e das várias estratégias utilizadas pelo sistema financeiro, em sua relação com o Estado, ao tender a divulgar a ideia de que é um "direito" reconhecido no capitalismo, e que implicariam (nas teses liberais) o atingimento do "bem comum", não é algo casual ou espontâneo; porém, deriva, na maior parte das vezes, em ações conscientes. Do contrário, seriam abertas possibilidades muito relevantes para o questionamento e a contestação por parte do grande público, ao se evidenciar, crescentemente, o aumento das desigualdades, das taxas de desemprego e da concentração de benefícios em pouquíssimos setores e grupos econômicos. E isto é algo incontornável no debate franco sobre o estágio atual do capitalismo e suas bases de legitimação.

Em termos teóricos, isso significa, para os autores citados, como problema estrutural do Estado capitalista, que ele precisa simultaneamente praticar e tornar invisível o seu caráter de classe. Desse modo, são as operações de seleção e de direcionamento de caráter coordenador e repressor que constituem o conteúdo de seu caráter classista, que precisa ser desmentido por uma terceira categoria de operações seletivas de caráter ocultador: as operações divergentes, isto é, as que seguem direções opostas. Somente a preservação da aparência da neutralidade de classe permite o exercício da dominação de classe.

A questão referente à auto-ocultação do sistema possui consideráveis implicações para a problemática da legitimação. A visão de Offe e Ronge[53] é que a ampliação paralela de um sistema de direcionamento, por um lado, e de um sistema de legitimação, por outro, que precisam negar-se reciprocamente, caminha para um ponto de colisão que está determinado analiticamente por uma constelação na qual o Estado não mais terá condições de legitimar suas funções evidentes, ou seja, de atender sua necessidade de legitimação, preservando os limites das relações de produção capitalista.[54] A "crise de credibilidade" que se inicia, assinala a hora da verdade, no entendimento de muitos autores que têm se dedicado à compreensão da crise atual do capitalismo e de seu potencial de conflito não desprezível.

A ideia de integração sistêmica, indicada na Figura 1, torna-se extremamente problemática atualmente, mesmo se for considerado o conjunto grande de novos recursos informacionais e a capacidade de gestão por parte de muitas agências do Estado, e a qualidade da formação de novos quadros de técnicos que as integram. O que torna o assunto complicado é o surgimento de novos atores e acontecimentos não previstos, a exemplo da Pandemia do Coronavírus.

Nesse sentido, em razão dessa imprevisibilidade, e de outras que fazem parte do que chamamos, nessa figura, de base biológica, bem como de ampliação considerável de novas demandas daí decorrentes, ou de outras, como as ligadas ao aumento das desigualdades, do desemprego, da necessidade de educação e do choque ideológico que resulta de antigos debates políticos – a exemplo do

---

53 OFFE, Claus; RONGE, Volker. "Teses sobre a fundamentação do conceito de Estado Capitalista e sobre a pesquisa política de orientação materialista". *In*: OFFE, Claus. *Problemas estruturais do Estado capitalista*. Rio de Janeiro: Tempo Brasileiro, 1984.

54 OFFE, Claus; RONGE, Volker. "Teses sobre a fundamentação do conceito de Estado Capitalista e sobre a pesquisa política de orientação materialista". *In*: OFFE, Claus. *Problemas estruturais do Estado capitalista*. Rio de Janeiro: Tempo Brasileiro, 1984, p. 168.

aumento da chamada direita extrema – o cenário que se delineia, embora muito crítico, é ainda bastante incipiente. Assim, eleva-se exponencialmente o que Ulrich Beck e Anthony Giddens mencionam como as sociedades de risco, presididas pela contemporaneidade. Fato, este, que dificulta a formulação de qualquer solução para a saída dos dilemas presentes – alguns deles, aparentemente incontornáveis, como a elevação do desemprego, sem que as bases do sistema ou sua lógica dominante seja colocada em xeque.

Outro aspecto relevante na configuração do Estado contemporâneo e nos processos de legitimação refere-se ao papel desempenhado pelas novas tecnologias. Embora tenha sido mencionado em diferentes momentos desta discussão, este assunto mereceria, por si, um capítulo à parte. Entender os fatores que interferem em suas produções e os impactos introduzidos pelas mesmas nas sociedades e na globalização, é algo que requer exame mais acurado.

De um modo geral, a produção de tecnologias, e elas próprias, não são neutras – conforme abordamos na Introdução –, mas condicionadas por inúmeros fatores econômicos, políticos e ideológicos; são culturais, num certo sentido. Ao contrário do que é apregoada, a tecnologia não segue um curso inevitável, tampouco é algo autodeterminado, que segue um curso intangível e independente dos sujeitos sociais. Para nós, é um fenômeno com um conteúdo social determinado, resultado de várias escolhas, muitas delas em disputa, configurando os mais diversos campos de conflitos. Este argumento está mais desenvolvido em Trigueiro.[55]

Essas considerações implicam que os avanços do capitalismo e suas crises dependem, também, do desenvolvimento de novas tecnologias, consentâneas com os interesses dominantes; não é algo que surja espontaneamente. O Estado, por seu turno, também se serve das mesmas para aprimorar a formulação de suas políticas e de

55 TRIGUEIRO, Michelangelo. *Sociologia da Tecnologia*: bioprospecção e legitimação. São Paulo: Centauro, 2009.

sua fiscalização, que se pretende ser mais eficiente, e, de um modo geral, o exercício de sua gestão. Nesse sentido, é bem conhecida a tese, na trilha marxista, do necessário imbricamento entre capital e novas tecnologias; seja este ao visar o aumento da produtividade e, em muitos casos, à redução do número de trabalhadores nos processos fabris, com o resultado do aumento do desemprego e das desigualdades, seja ao elevar o chamado valor agregado imputado nos produtos, tendendo a elevar os seus custos, ao incorporarem novos valores aos mesmos, como decorrentes de novos recursos investidos para pagar as "melhorias" obtidas e os novos objetos gerados pelas grandes indústrias.

Muitas são as estratégias adotadas pelos segmentos dominantes em face às novas tecnologias, que vão desde a maior diversificação de seus parques industriais, ao buscarem explorar novos ramos encontrados pelas novas tecnologias – muitas vezes intencionalmente desenvolvidas com tais propósitos (com o pressuposto da não neutralidade das mesmas) –, até a permanente migração de suas bases fabris para diferentes locais, de acordo com a combinação entre maior disponibilidade de recursos naturais, baixos impostos e redução nos custos da mão de obra empregada.

O capital financeiro, que, hoje, assume a dianteira do sistema, também se estabelece e desenvolve mediante, fortemente, o seu entrelaçamento com o avanço das novas tecnologias – neste caso, com atenção especial às tecnologias de informação e comunicação. O seu progresso e aumento em seus ganhos acaba por girar em torno da busca na redução de frações de segundos entre as operações realizadas e a divulgação das mesmas. Muitos são os processos que o levaram às características atuais, e que o distinguem da chamada economia real; um destes é a redução ou não utilização de recursos naturais. Ademais, as maiores possibilidades de sua ocultação, conforme comentado anteriormente, em razão da própria natureza de sua atividade – em geral, complexa ao cidadão comum e regida por processos inéditos, como a lógica da chamada inteligência artificial – é algo que dá, ao sistema financeiro, certas "vantagens comparativas" relativamente ao que ocorre na economia real – mesmo que esta também contenha suas próprias complexidades, como, em muitos casos, discerníveis apenas pelos "especialistas", especialmente nas dinâmicas do atual processo de legitimação.

Essa discussão, atinente à economia, está colocada com mais minúcias no Capítulo V, ao analisar as principais características do avanço do capitalismo e a emergência de suas crises. Não obstante, é importante ter claro, desde agora, que a conceitualização que se faz do Estado, bem como de suas novas injunções e desafios – no que chamamos de atuação dos seletores – não pode desconhecer que estas surgem e se materializam em decorrência do que ocorre na instância econômica propriamente dita – a base sócio-material indicada na Figura 1. Como foi dito, é esta que, em última instância, condiciona os demais processos e instâncias da sociedade, como as que representam os demais vértices dessa mesma figura.

Na situação em que inserimos a base da vida nas considerações sobre os rumos do Estado e da sociedade, as análises sobre a realidade do capitalismo atual se tornam bastante mais complexas. É o que se está verificando ainda neste ano de 2020, quando a Espanha caminha para deliberar sobre a taxação das grandes fortunas, após a pandemia em curso, como forma de custear as novas despesas vindas com a queda dos recursos dos impostos e, mesmo, com a crescente movimentação social que se percebe nesse sentido; ou seja, ao forçarem o Estado a novas estratégias de condução da coisa pública, a fim de que tenham condições aceitáveis em termos de reconhecimento social e no próprio interesse dos principais beneficiários do sistema que, como se diz na linguagem popular, "até aceitaria perder os anéis para não perder os dedos"; isto é, diante de uma situação em que o sistema como um todo se veria no limite do que é minimamente aceitável, para não colocá-lo em risco, ou para não inviabilizá-lo.

E, vejamos que nem na crise de 2008 se chegou a este ponto considerado extremo, quando o Estado acabou por arranjar um *modus operandi* e um conjunto de benefícios para salvar os grupos dominantes que mais teriam perdido na crise, ou que estavam na iminência de muitas perdas. Nessa situação, o que vimos foi uma solução arranjada, em que os mesmos beneficiários – referimo-nos, nesse caso, aos grupos hegemônicos do capital financeiro – eram salvos, em detrimento da imensa maioria da população, com a perda em seus sistemas de saúde, aposentadorias e moradias, por exemplo.

E, voltando ao ponto em que falávamos das novas tecnologias, mesmo em tais situações, as eventuais soluções deverão vir por meio de novas vacinas e conhecimentos para lidar com o vírus – em uma manipulação da base da vida. O que se tem dito, até então, ao focalizarmos no exemplo da pandemia, vale para as mudanças climáticas e a exploração de antigos e novos biomas. Ou seja, é impensável o avanço, e a busca de solução para antigos e novos problemas, sem os novos resultados propiciados pelo progresso tecnológico, bem como sobre conhecimentos do que estamos chamando base da vida. E algo mais precisa ser considerado nessa discussão, que não apenas os resultados alcançados pelos laboratórios e centros de pesquisa mundo afora, mas as narrativas e o lugar da fala, para dizer com autoridade e reconhecimento o que deve ser feito pelo Estado e suas agências; o que acaba por jogar um peso importante também na eclosão e consolidação de eventuais discursos que tendem a negar tais narrativas e a presumível prerrogativa de enunciá-las; nesse caso, no limite, a resistência seria o reconhecimento de a ciência ser a última instituição a dizer o que seria ou não verdade. Isto é, nesse embate e no papel exercido pelas novas tecnologias, há muita coisa em jogo: elevação de ganhos do capital, novas pressões para o Estado no atendimento a necessidades consideradas básicas, e as eventuais dificuldades em aceitá-las como fonte única em quem confiar e a quem seguir (por exemplo, na chamada "guerra das vacinas", consideradas obrigatórias e, ao mesmo tempo, recusadas). Nessas resistências, há que se considerar, igualmente, o emergente papel da Igreja, de grupos evangélicos e do chamado fundamentalismo cristão, na aceitação ou não das decisões provenientes de determinadas políticas públicas, com relação à obrigatoriedade da vacina, ao direito ao aborto, às uniões homoafetivas, e, no extremo, à concepção de um Estado laico.

Diante disso, problematizar sobre o Estado implica não apenas discutir seus aspectos conceituais – como fora desenvolvido incialmente na discussão sobre a noção de seletores –, mas, e sobretudo, trazer à tona o que, hoje, o torna algo imprescindível nas discussões sobre o seu papel e como o tem desenvolvido na dinâmica capitalista e em suas novas base de legitimação. O que estamos buscando fazer, neste momento, ao dar destaque ao quadro extremamente complexo, porque sujeito a problemas inéditos, que podem apontar para nova realidade social. O que implica, entre muitas outras coisas, em perguntar como passar do Estado atual para um Estado futuro?

Nesse cenário, as mídias possuem grande relevância, seja na formação do grande público, seja em sua conscientização. Entretanto, assim como as novas tecnologias não são neutras, do mesmo modo não são as grandes mídias. Ao contrário, pertencem a importantes grupos econômicos, que, crescentemente, ampliam sua esfera para vários outros setores, produtivos ou não, aplicam e investem no sistema financeiro e assim por diante. Isto é, representam mais um dos segmentos alinhados aos setores hegemônicos; o que os torna cada vez menos independentes para noticiarem ou formularem editoriais e comentários de toda ordem, sem comprometerem seus interesses e dos grupos aos quais se alinha. Assim, fica difícil esperar das mesmas uma orientação que propicie a educação, as artes e a cultura, sem a marca dos principais grupos à montante e à jusante do processo produtivo.

São comerciais caros, matérias com um tom sensacionalista (ou não), a depender dos seus "apoiadores" e vários programas com a marca de um sofisticado *merchandising*. Tudo isso contribui para uma visão distorcida da realidade, mistificada, e de acordo com o que são os verdadeiros interesses em jogo. Algo que não é feito de modo aberto, ou mesmo para apontar qualquer "teoria conspiratória", decidida por uns poucos, apenas e conforme suas vontades. A realidade em curso é extremamente complexa, plena de idas e vindas, formadora de grandes consensos, ou, diversamente, repleta de oposições; mesmo que estas últimas nem sempre sejam divulgadas amplamente, como promanam os manuais da boa lide jornalística.

Nessa linha, têm surgido, para endossar a ideologia dominante ou para estabelecer uma linha crítica ou de oposição ao sistema, os "Youtubers", os influenciadores e a "mídia independente" que se mantém com a contribuição de seus associados. De qualquer modo, há ainda muito mais a compreender acerca dessa realidade.

O Estado, de sua parte, coloca-se apenas como mero observador, ou a contestar, aqui e ali, algo menos aceitável, mas, mesmo nesse caso, sem agir como um regulador mais ativo dessa importante área da sociedade; essa é, possivelmente, sua esfera menos ativa – a depender de mais estudos empíricos –, a considerar um dos leques de possibilidades indicados na Figura 5.

Diante disso, constata-se, no momento, certa despolitização das massas, no sentido de estabelecer reações mais conscientes e que confrontem o "império da racionalidade técnico-instrumental", na terminologia de Habermas, na "colonização do mundo vivido". Ou seja, nas análises empreendidas por esse autor, ganha a integração sistêmica e perde a integração social.

Para ele, o antídoto seria a expansão de um "agir comunicativo reflexivo" para fazer frente ao domínio da ação do sistema sobre a interação entre os indivíduos. Quer dizer, com todas as ressalvas colocadas ao capitalismo e ao Estado, com vistas à pretendida integração do sistema, a espontaneidade no interagir, nas artes, na pesquisa científica crítica e na formulação de tecnologias adequadas aos anseios do grande público tende a ficar prejudicada, refém do que estabelece o *establishment*, ao obnubilar novos horizontes e possibilidades da "boa vida" para o conjunto das pessoas. Ou seja, seu imaginário para a criação de um "Estado futuro", que, grosso modo, depende de uma educação para fomentar a liberdade, fica, em geral, restrito aos limites estabelecidos pelo que os setores hegemônicos definem como aceitável.

Entretanto, em que pese a importância do agir comunicativo na descolonização do mundo vivido, como discute Habermas, uma das condições para o bom exercício do mesmo é que três condições precisam estar presentes, a saber: a veracidade da afirmação, que se refere a um mundo objetivo entendido como a totalidade dos fatos cuja existência pode ser verificada – algo que possa ser testado e comprovado pelos atores, o que pressupõe acesso a um conjunto comum de informações, embora não explicitado pelo autor, mas inferido de suas considerações; a correção normativa, ligada à plenitude do mundo social dos atores, legitimamente regulada; e a autenticidade e sinceridade de cada interlocutor, na busca pelo melhor argumento.

As três condições anteriores são dificilmente passíveis de serem verificadas na prática. Todas elas requerem uma situação que é mais ideal que factível, seja porque nem todos podem verificar determinados enunciados, seja porque a correção normativa é, muitas vezes, suplantada por determinados interesses políticos ao criar segmentos sociais despossuídos e sem os direitos mínimos para a cidadania plena; seja, enfim, porque a mentira e o jogo velado é parte do jogo político, que, em muitas ocasiões, tende a esconder os reais motivos de determinada disputa ideológica ou certos interesses; fato comentado anteriormente, ao mencionar a auto-ocultação de segmentos sociais e seus objetivos precípuos.

Grosso modo, ainda em termos ideais, faltaria aos atores a educação necessária para a boa prática argumentativa para o eventual enfrentamento do "império do sistema". Tudo isso, no futuro, poderia ser parte importante de ações desenvolvidas por parte do Estado, mediante políticas específicas para isso; fato que implica uma mudança relevante em determinadas práticas do mesmo, para a construção de públicos mais autônomos, esclarecidos e conscientes de seu papel na vida social e nas democracias de hoje.

De qualquer maneira, sugere-se que a integração sistêmica e a social seguem trilhas próprias, muitas vezes em oposição, a depender dos interesses envolvidos e da realidade de cada sociedade; ou seja, uma não decorre automaticamente da outra, tampouco pode ser antevista, como pretendem determinados cenários iluministas, em direção à "descolonização do mundo vivido", em busca de uma paz social duradoura. Ainda que desejável, esta pode ser obtida diferentemente da proposta por Habermas, bem como apresentar características distintas, como em um estado de permanente tensão, instabilidade e luta política, em direção à melhoria das condições de vida das pessoas.

Tudo isso coloca um grande desafio para a construção de novos processos e bases de legitimação do poder político, nos dois níveis mencionados na Figura 1 – macro e microssocial. Surgem questões novas, embates inauditos, como os que se referem, hoje, à discussão sobre a democracia desejável e o que é, por fim, o objetivo a ser perseguido pelos atores diante desses muitos embates. Algo que será discutido nos próximos capítulos, embora, desde agora, de certo modo, abordado na discussão sobre possíveis novas funções para o Estado, como as que dizem respeito à educação, além do que tem sido feito até então.

O que se prenuncia, diante das considerações anteriores e reforçado por análises de alguns autores é uma tensão crescente entre capitalismo e democracia (a ser aprofundada no Capítulo VI). Para esses, as estruturas formais da democracia burguesa não são apenas a única alternativa realizável no contexto das relações de produção capitalistas. O ponto central da argumentação é o fato de que

> o sistema do capitalismo tardio não está em condições de manter em estado latente a ruptura estrutural entre as áreas

> e processos orientados administrativamente e os orientados pelo processo de valorização do capital.[56]

A depender dessa tensão, o Estado e sua maneira de atuar deverá apresentar mudanças relevantes.

Todos os aspectos mencionados neste capítulo, em relação à natureza do Estado em sociedades capitalistas, apontam para o fato de que mais importante do que formular um ou outro conceito, ou modelo para o mesmo, é reconhecer que nos defrontamos com mudanças muito relevantes nas sociedades contemporâneas. Diante disso, os modelos eventualmente formulados para bem caracterizá-las estarão sempre bastante incompletos, sobretudo atualmente, entre tantas crises e movimentações das sociedades. Cabe, então, desenvolver, juntamente com um arcabouço teórico que se pretende consistente, uma reflexão sobre as consequências desejáveis e possíveis para o Estado com um formato distinto do que tem sido sua marca dominante nas críticas realizadas pelos últimos autores.

Presumíveis necessidades de transformação do Estado passaram a se tornar mais evidentes a partir da crise de 2008. Desde então, determinados consensos, há muito arraigados, vieram à tona e passaram a ser questionados, reexaminados e motivo de certos movimentos sociais mundo afora. É o caso, por exemplo, da relação entre Estado e livre-mercado.[57]

---

56 Esta questão será aprofundada no Capítulo VI, ao tratar da "crise societal". (OFFE, Claus; RONGE, Volker. "Teses sobre a fundamentação do conceito de Estado Capitalista e sobre a pesquisa política de orientação materialista". *In*: OFFE, Claus. *Problemas estruturais do Estado capitalista*. Rio de Janeiro: Tempo Brasileiro, 1984, p. 189).

57 O Adendo 1 apresenta uma contraposição entre Estado e mercado, segundo o entendimento de Crouch (CROUCH, Colin. *The Strange non-Death of Neoliberalism*. Cambridge: Polity Press, 2011).

No texto de Crouch,[58] por exemplo, há uma interessante contraposição entre os acionistas/consumidores e os *managements*. Segundo o autor,

> É necessário julgamento [avaliação], e a empresa deve escolher entre favorecer acionistas ou consumidores; quanto mais a empresa em questão estiver protegida da concorrência pelo status de quase monopólio, mais ela se inclinará para o primeiro[59] (tradução nossa).

A esse respeito, toca-se em um dos pontos bem consolidados no capitalismo recente, a saber, a relação entre ganhos ou dividendos recebidos pelos acionistas no mercado financeiro e os consumidores. Essa afirmação também evidencia a importância da chamada economia real na manutenção desse mercado, em que pese a hegemonia do sistema financeiro.

Também é oportuna a distinção que o autor estabelece entre "mercantilização" e "privatização", em geral tornadas sinônimas por muitos analistas, sobretudo da área econômica, que também pode repercutir na estrutura e no funcionamento do Estado contemporâneo. Sobre esse aspecto, diz-nos o seguinte:[60]

---

58 CROUCH, Colin. *The Strange non-Death of Neoliberalism*. Cambridge: Polity Press, 2011.

59 "Judgement is required, and the firm must choose between favouring shareholders or consumers; the more the firm concerned is protected from competition by near-monopoly status, the more it will lean towards the former". (CROUCH, Colin. *The Strange non-Death of Neoliberalism*. Cambridge: Polity Press, 2011, p. 60).

60 "The relationship between these developments and marketization is paradoxical. On the one hand, by seeking advice from individuals and organizations in the private sector, government is trying to get close to market-oriented forms of behavior. On the other hand, by so doing it runs the risk of weakening the market. Too close a relationship between public officials and individual enterprises, leading to the construction of entry barriers around a privileged group of insider firms, results in the exclusion of others. Probably the biggest example of this to date was the subcontracting of many military and oil

A relação entre esses desenvolvimentos e a mercantilização é paradoxal. Por um lado, ao buscar conselhos de indivíduos e organizações do setor privado, o governo está tentando se aproximar de formas de comportamento voltadas para o mercado. Por outro lado, corre-se o risco de enfraquecer o mercado. Uma relação muito próxima entre funcionários públicos e empresas individuais, levando à construção de barreiras de entrada em torno de um grupo privilegiado de empresas internas, resulta na exclusão de outras. Provavelmente, o maior exemplo disso até o momento foi a subcontratação de muitas atividades militares e de exploração de petróleo para empresas privadas pelo governo americano de George W. Bush em suas guerras no Afeganistão e no Iraque. Em parte, devido às reivindicações de necessidade de sigilo em tal contexto, muitos desses grandes contratos foram concedidos sem um processo de licitação. Entre as firmas envolvidas estava a Halliburton, da qual o vice-Presidente dos EUA, Richard Cheney, havia sido Presidente e CEO. Outra, a Blackwater, uma corporação de serviços militares que obtém mais de 90% de sua receita de contratos com o governo dos Estados Unidos, acabou sendo banida do Iraque pelo governo iraquiano após alegações de conduta imprópria grave e práticas corruptas. A empresa agora mudou seu nome para Xe. (tradução nossa).

---

exploitation activities to private firms by the US administration of George W. Bush in its wars in Afghanistan and Iraq. Partly because of claims to needs for secrecy in such a context, many of these large contracts were awarded without a competitive bidding process. Prominent among the firms involved was Halliburton, of which the vice-president of the USA, Richard Cheney, had been chairman and CEO. Another, Blackwater, a military services corporation that derives over 90 per cent of its income from US government contracts, was eventually banned from Iraqi by the Iraqi government following allegations of serious misconduct and corrupt practices. The firm has now changed its name to Xe". (CROUCH, Colin. *The Strange non-Death of Neoliberalism*. Cambridge: Polity Press, 2011, p. 93).

Por sua vez, uma boa discussão da relação entre empresas privadas, empresas públicas e o Estado atual pode ser vista em Wolf.[61] De acordo com o autor,[62]

> Em condições diferentes, os capitalistas privados veem as empresas públicas como ameaças, concorrentes com vantagens injustas ou alvos lucrativos para compra, se houver preços de barganha. Os políticos podem então obter favores corporativos e doações vendendo empresas públicas para empresas privadas. Essa privatização também atrai políticos porque traz fundos para os cofres do governo sem adição de impostos ou *déficits*. As oscilações estratégicas entre empresas privadas e públicas são às vezes dificultadas pelo fundamentalismo econômico. Os ideólogos fundamentalistas de direita insistem que o setor privado é necessariamente, inerentemente melhor do que a empresa

---

61 WOLFF, Richard. *The capitalism's crisis deepens*. Chicago: Haymarket Books, 2016, p. 104.

62 "Under different conditions, private capitalists see public enterprises as threats, competitors with unfair advantages, or profitable targets for purchase if bargain prices can be arranged. Politicians can then curry corporate favor and donations by selling public enterprises to private enterprises. Such privatization also attracts politicians because it brings funds to government coffers without added taxes or *deficits*. Strategic oscillations between private and public enterprises are sometimes hampered by economic fundamentalism. Right-wing fundamentalist ideologues insist that private is necessarily, inherently better than public enterprise. As part of its demonization of government (other than police, judiciary, and military), such economic fundamentalism helps keep taxes low and the government unable to redistribute income. Periodic campaigns for privatization (whatever their real goal) can be spun as thwarting bad government. Demonizing government always served nicely to depict the former Soviet Union (and socialism and communism) as the ultimates in public enterprise systems and thus 'evil empires'. When private enterprises collapsed and begged for government bailouts, demonizing government, and promoting privatization were temporarily suspended. When the crisis passed, they resumed. For example, *deficits* incurred to bail out capitalists in 2008–2009 were recast in 2009–2010 as wasteful government spending on public services and employees instead". (WOLFF, Richard. *The capitalism's crisis deepens*. Chicago: Haymarket Books, 2016, p. 104).

> pública. Como parte de sua demonização do governo (exceto polícia, judiciário e militar), esse fundamentalismo econômico ajuda a manter os impostos baixos e o governo incapaz de redistribuir a renda. Campanhas periódicas de privatização (seja qual for seu objetivo real) podem ser vistas como uma forma de impedir o mau governo. Demonizar o governo sempre serviu muito bem para descrever a ex-União Soviética (e o socialismo e o comunismo) como os últimos nos sistemas de empresas públicas e, portanto, os "impérios do mal". Quando as empresas privadas entraram em colapso e imploraram por resgates do governo, demonizar o governo e promover a privatização foi temporariamente suspenso. Quando a crise passou, eles recomeçaram. Por exemplo, os *déficits* incorridos para resgatar capitalistas em 2008-2009 foram reformulados em 2009-2010 como desperdício de gastos do governo em serviços públicos e funcionários. (tradução nossa).

Para analisar mudanças relevantes que teriam ocorrido nas últimas décadas no Estado e suas características principais, Wolfgang Streeck discute a mudança do Estado do Bem-Estar Social para o que chamou "Estado consolidado", que se dá após o "Estado fiscal". Em sua análise, entende o autor que:[63]

---

63 "Desplegándose junto a la sucesión de crisis y la transformación del Estado fiscal en un Estado consolidado, se perfilaban tres tendencias a largo plazo, todas iniciadas poco más o menos al final de la era de la posguerra y presentes, de nuevo, en todas las democracias capitalistas ricas: menor crecimiento, aumento de la desigualdad e incremento de la deuda, tanto pública como privada y global. A lo largo de los años, esas tres tendencias se han ido reforzando mutuamente: el bajo crecimiento contribuye a la desigualdad al intensificar el conflicto distributivo; la desigualdad frena el crecimiento al restringir la demanda efectiva; los altos niveles de deuda existente atascan los mercados de crédito y plantean la perspectiva de crisis financieras; un sector financiero congestionado deriva y se suma a la desigualdad económica, etcétera, etcétera". (STREECK, Wolfgang. *¿Cómo terminará el capitalismo?* ensayos sobre un sistema en decadencia. Madrid: Verso, 2016, p. 33).

> Desdobrando-se junto com a sucessão de crises e a transformação do Estado fiscal em um Estado consolidado, foram surgindo três tendências de longo prazo, todas iniciadas mais ou menos no final do pós-guerra e presentes, novamente, em todas as democracias [de países] capitalistas ricos: menor crescimento, aumento da desigualdade e aumento da dívida, tanto pública como privada e global. Com o passar dos anos, essas três tendências se reforçaram mutuamente: o baixo crescimento contribuiu para a desigualdade, ao intensificar o conflito distributivo; a desigualdade retardou o crescimento, ao restringir a demanda efetiva; os altos níveis da dívida existente atolaram os mercados de crédito e representaram a perspectiva de crises financeiras; um setor financeiro congestionado se desvia e aumenta a desigualdade econômica etc., etc. (tradução nossa).

De modo mais específico, para Streeck,[64] o Estado consolidado, que teria se iniciado na década de 1980,

> pode ser descrito como aquele cujas obrigações para com o mercado comercial prevalecem sobre as suas obrigações políticas para com os seus cidadãos – um Estado em que esses cidadãos não têm os recursos políticos ou ideológicos para contestar esta situação (tradução nossa).[65]

Ao complementar essa concepção, o autor afirma que:[66]

---

64 STREECK, Wolfgang. *¿Cómo terminará el capitalismo?* ensayos sobre un sistema em decadencia. Madrid: Verso, 2016.

65 "En resumen, un Estado consolidador puede describirse como aquél cuyas obligaciones con el mercado comercial tienen precedencia sobre sus obligaciones políticas con sus ciudadanos, un Estado donde esos ciudadanos carecen de recursos políticos o ideológicos para impugnar esta situación" (STREECK, Wolfgang. *¿Cómo terminará el capitalismo?* ensayos sobre un sistema en decadencia. Madrid: Verso, 2016, pp. 152/153).

66 "Un Estado consolidado yaestablecido es el que ha conseguido institucionalizar uncompromiso político y haconstruido una capacidad política para no

> Um Estado consolidado e já estabelecido é aquele que conseguiu institucionalizar um compromisso político e construiu uma capacidade política para evitar o calote de sua dívida, projetando uma determinação inflexível de colocar suas obrigações para com os credores acima de todas as outras. Este Estado apresenta uma configuração geral das forças políticas que dificulta o aumento dos gastos, ao mesmo tempo que corta tudo com facilidade, exceto o serviço da dívida. Países com um Estado pequeno, como os Estados Unidos e o Japão, têm maior probabilidade de serem reconhecidos como Estados consolidados, uma vez que a baixa participação pública na economia pode ser considerada um indicador tanto de uma aversão arraigada aos gastos públicos quanto da possibilidade de aumento de impostos como uma proporção final em caso de emergências financeiras. (tradução nossa).

Em todo o cenário mencionado, destaca-se o papel dos mecanismos financeiros – bem evidenciado na crise de 2008, nos Estados Unidos, quanto ao modo como foram usadas as hipotecas –, e o que alguns especialistas vêm apontando como um crescente "transnacionalismo", também abordado por Streeck, nos desdobramentos de suas análises sobre o Estado consolidado. A respeito do último aspecto mencionado, tem sido cada vez maior o papel que tem sido jogado pelos bancos centrais – sejam estes dos países, sejam dos blocos geopolíticos, como no caso europeu.

---

incurrirenimpagos de sudeuda, proyectando una inflexibledeterminación de situar sus obligaciones para conlosacreedores por encima de todas lasdemás. Este Estado presenta una configuración general de lasfuerzas políticas que hace que el gasto aumente condificultad, mientras que confacilidad realiza recortes en todo exceptoenelservicio de ladeuda. Los países conun Estado pequeño, como Estados Unidos y Japón, es más probable que seanreconocidos como Estados consolidados ya que una baja participación pública enlaeconomíapuedetomarse como indicador tanto de una arraigada aversión al gasto público como de laposibilidad de aumentos fiscales como ultimaratioen caso de emergencias financeiras". (STREECK, Wolfgang. *¿Cómo terminará el capitalismo?* ensayos sobre un sistema em decadencia. Madrid: Verso, 2016, p. 152).

Enfim, na importante análise realizada por Nancy Fraser, a respeito das mudanças recentes operadas no Estado, no atual estágio do capitalismo,

> se, no regime liberal, os Estados haviam se preocupado principalmente em constituir a economia de mercado privado e em reprimir as revoltas contra ela, eles agora se encarregavam de funções adicionais de administração de crise. Entre outras coisas, eles buscavam suavizar os ciclos de expansão/quebra por meio de gastos contracíclicos, criando um setor público que substituía, em parte, o mercado, bem como administrando as relações trabalho/capital por meio de negociações corporativistas. Escrevendo no começo dos anos 1970, Habermas supôs que essas medidas haviam conseguido domesticar as contradições econômicas do capitalismo. Com o benefício da retrospecção, sabemos que ele estava equivocado nesse ponto, já que aquelas contradições irromperam novamente logo após a publicação de seu livro. É possível argumentar, porém, que esse "equívoco" não precisa invalidar sua tese principal, qual seja: mesmo quando o regime contornou – ou, é-nos possível dizer, mesmo se tivesse contornado – a tendência à crise econômica que é inerente ao capitalismo, ele não resolveu – ou, diríamos, não teria resolvido – todas as contradições do capitalismo. Em vez disso, o que ele fez foi deslocar essas contradições, mudando o lócus da crise da economia para o Estado, do campo econômico para o campo político.[67]

Em síntese, a necessidade de mudanças relevantes na estrutura e no funcionamento do Estado, hoje, é imprescindível, em face à recente crise do capitalismo, relativamente às mudanças tecnológicas introduzidas e às novas expectativas por parte do grande público, relativamente ao que são consideradas questões importantes – como

---

67 FRASER, Nancy. *Crise de legitimação?* Sobre as contradições políticas do capitalismo financeirizado. Florianópolis: UFSC, 2015, p. 166.

as relacionadas à saúde, à educação e à informação de qualidade, à mobilidade urbana, aos problemas ambientais e a muitos outros. O que tende a modificar a movimentação, ampliar ou reduzir os limites colocados aos seletores, conforme foram discutidos no início deste capítulo. Qual a concepção, organização e atuação do Estado que deverá viger, de acordo com cada realidade econômica social, política e ideológica – da base sócio-material – é algo em aberto, para o que será fundamental o embate e a prática dos diferentes grupos sociais, juntamente, mas não exclusivamente, com eventuais formulações teóricas sobre o mesmo. Assim, o Estado, por si só, não poderia produzir a requerida integração social.

CAPÍTULO IV

A PROBLEMÁTICA DA LEGITIMAÇÃO[68]

Grosso modo, legitimação significa o reconhecimento que os indivíduos e grupos sociais conferem a determinada autoridade. Constitui-se assim aspecto central na vida contemporânea, em particular no que concerne às novas formas de comunicabilidade e ao papel das redes sociais no jogo político, haja vista a grande controvérsia que estas têm introduzido na sociedade, colocando em tela questões cruciais para os indivíduos e os grupos. São questões culturais, e não apenas econômicas e políticas, o que torna complexa a estabilização de controvérsias, e o processo de negociação e construção de políticas públicas, mais ainda, no embate eleitoral.

---

68 Boa parte deste capítulo está presente no texto "El papel de las redes sociales em lap articipación política contemporânea: el caso Bolsonaro em Brasil" elaborado por um destes autores e Thaís Jorge, e apresentado no XXXI Seminario Internacional da Associación Iberamerica de Sociología de las Organizaciones y Comunicación (AISOC), em julho de 2019 (TRIGUEIRO, Michelangelo; JORGE, Thaís de Mendonça. "O papel das redes sociais na participação política contemporânea: o caso Bolsonaro no Brasil". *XXXI Seminario Internacional da Associación Iberomericana de Sociologia de las Organizaciones y Comunicación*, Madrid, 2019).

No presente trabalho, mais precisamente, significa o reconhecimento e o consentimento de ordens e deliberações de mando. Para nós, distintamente da tradição conceitual, entendemos que a legitimação não se limita ao reconhecimento a determinada autoridade. Isto é parte do processo que resulta na mesma; mas, além disso, é necessário, também, o **consentimento** dos indivíduos e grupos sociais em relação ao mando e à deliberação que resulta no mesmo. O aspecto decisivo da legitimação está no fato de que os atores estão de acordo com o processo que levará a uma ou a outra ordem. Mas, igualmente, com as regras e os trâmites que levarão às normas; para nós, esse fato já é parte da legitimação, e não apenas o que será objeto do seguimento final pelos indivíduos e grupos sociais.

A relevância do tema da legitimação tem sido crescente, quando a Sociologia Política, a Ciência Política e a Sociologia do Direito passam a tematizar a crise de legitimação do Estado contemporâneo, e as possibilidades e limitações da noção de sistema na realidade social.[69] Entretanto, problemas de legitimidade não são especialidade moderna, como reconhece Habermas. As fórmulas do *legitimum imperium* ou do *legitimum dominium* eram difundidas em Roma e na Idade Média europeia, referindo-se aos conflitos de legitimidade entre as grandes civilizações antigas e os conquistadores oriundos de sociedades organizadas de modo estatal.[70] Ao ser usado na Idade Média também como conceito jurídico para a defesa da usurpação e da tirania, a noção de legitimidade perde sua base moral com a positivação do Direito no século XIX.[71]

---

69 NASCIMENTO, Elimar Pinheiro do; TRIGUEIRO, Michelangelo. "Legitimação em Habermas, Luhman e Offe". *Revista Sociedade e Estado*, vol. 5, nº 2, 1990.

70 HABERMAS, Jürgen. *Para a reconstrução do materialismo histórico*. São Paulo: Brasiliense, 1990.

71 LUHMANN, Niklas. *Legitimação pelo procedimento*. Brasília: UnB, 1980.

A partir de Max Weber,[72] no enfoque da Sociologia do Direito, a problemática da legitimidade ocupa parte importante no debate dos cientistas sociais afetos à questão da dominação e da autoridade. É nessa tradição que se localiza a ideia de "legitimação pelo procedimento" de Niklas Luhmann. Com o desenvolvimento capitalista, o fenômeno do poder e do Estado reacende a abordagem do conflito de legitimidade, agora tematizado pela relação entre Estado e Sociedade Civil. Contudo, um olhar macrossociológico do fenômeno – que privilegia, por exemplo, a antinomia entre capital e trabalho,[73] tipicamente marxista – não é exclusivo nesse debate. Habermas,[74] também reconhecendo uma crise para a legitimidade, ao se preocupar com a construção cognitiva das bases de legitimidade, trabalha num nível mais propriamente intersubjetivo – na relação entre a *Lebenswelt*, o mundo vivido, e a dimensão sistêmica da realidade, indicadas na Figura 1.

Entretanto, a discussão da legitimação, em nível microssociológico, é mais bem explicitada nos trabalhos de Michel Foucault, ao deslocar para o plano das intersubjetividades o que é tradicionalmente visto no nível macrossociológico. Em seu *Microfísica do Poder*,[75] o autor amplia o modo como a dominação, o poder e seu seguimento são tratados, na relação entre Estado, indivíduos e grupos sociais, como é típico da perspectiva clássica proposta por Weber.

Não obstante essas grandes orientações teórico-metodológicas, a ideia de legitimação aqui empregada é muito peculiar. Em termos gerais, conforme se procurou destacar no início do

---

72 WEBER, Max. *Economía y Sociedad*: esbozo de sociología comprensiva. México: Fondo de Cultura Económica, 1984.

73 OFFE, Claus. *Problemas estruturais do Estado capitalista*. Rio de Janeiro: Tempo Brasileiro, 1984.

74 HABERMAS, Jürgen. *Teoría de la acción comunicativa*. Madrid: Taurus, 1988.

75 FOUCAULT, Michel. *Microfísica do Poder*. Rio de Janeiro: Graal, 1979.

presente capítulo, diz respeito a um estado – uma disposição – dos atores para aceitar e consentir com determinadas normas e com as deliberações que nela resultaram. Neste caso, por exemplo, dos centros formuladores de políticas para o setor científico e tecnológico, dos núcleos institucionais de poder, da estrutura institucional e dos vários "campos sociais", nos termos de Pierre Bourdieu.[76] De acordo com Bourricaud,[77] a legitimação compreende todo um processo de interações, envolvendo atores e instituições sociais a buscarem a formação de consensos, e acrescentamos, de obtenção de consentimentos em torno de questões específicas. Não há uma legitimidade em si, estável. Sua natureza é dinâmica, instável e processual. Nela, atuam normas jurídicas e sociais – uma racionalidade sistêmica –, e, também, os fatores contingentes de Luhmann,[78] a desordem e o imprevisível.

Neste livro, o processo dinâmico de formação de consenso – a legitimação – acerca de como se conduz determinada produção jornalística, de tecnologia, de educação, de saúde e das artes, ou de qualquer outro bem material ou simbólico, é um aspecto indispensável para se compreender o modo como se consolidam e se estabilizam certos padrões de conduta.

Diferentes atores, interesses e valores perpassam a prática política e eleitoral, configurando extensas redes sociotécnicas,[79] políticas de relações e campos de conflitos de todos os tipos. São vários níveis de poder e decisão que demandam aprovação e a devida legitimação por parte dos muitos atores que protagonizam

---

76 BOURDIEU, Pierre. "O campo científico". *In*: ORTIZ, Renato (Coord.). *Pierre Bourdieu*; sociologia. São Paulo: Ática, 1983.

77 BOURRICAUD, François. "Legitimacy and legitimization". *Current Sociology*, vol. 35, nº 2, 1987.

78 LUHMANN, Niklas. *Legitimação pelo procedimento*. Brasília: UnB, 1980.

79 CALLON, Michel. *La Science et ses Reseaux*: genese et circulations des faits scientifiques. Paris: La Découverte, 1989.

a prática discursiva e a política.[80] No nível macro, verificam-se questões relativas à soberania, ao Direito e não de exploração de informações privadas (e até que ponto), às regras de utilização do meio-ambiente, e às suas regras de conservação e de mudança. No nível institucional (mesossociológico), há decisões relativas às instituições jurídicas, universidades e à educação, de modo geral, à atuação dos órgãos de representação e de controle social, às polícias, quanto ao que é lícito ou não investigar, aos movimentos sociais e às regras para sua participação, aos critérios de divulgação dos processos jurídicos e a seu aparato como um todo – muitas vezes em confronto com as regras de sigilo definidas por determinados grupos, como os empresariais que financiam as eleições. Tudo isso, para nós, como visto no Capítulo I, constitui os componentes do operador social. Também se aventam questões quanto à utilização ou não de imagens, áudios e outros recursos tecnológicos utilizados nas redes sociais, à responsabilidade para com a correta informação dos resultados de investigações e assim por diante.

No nível microssociológico das interações cotidianas entre indivíduos, há decisões referentes ao modo como se deve educar os filhos diante das novas possibilidades trazidas pelo desenvolvimento científico-tecnológico, especialmente diante das tecnologias de informação e comunicação, de novos programas informacionais, da internet e seus impactos no cotidiano educacional. Aqui, entram as atitudes que devemos ter, por exemplo, na discussão sobre a utilização e os limites da presença de computadores e das próprias redes sociais em nossas vidas, o papel dos professores, a relação com os grupos paramilitares e de milícias, as drogas e as armas.

Embora esses níveis signifiquem, aos olhos dos analistas, instâncias relativamente separadas no tratamento da legitimação, eles estão bastante imbricados em situações concretas, seja

---

80 ALTHUSSER, Louis. *A favor de Marx*. 2ª ed. Rio de Janeiro: Zahar, 1979; ALTHUSSER, Louis; BALIBAR, Étienne; RANCIÈRE, Jacques. *Ler O Capital*. vol. 2. Rio de Janeiro: Zahar, 1980.

nos juízos que os diferentes atores formulam sobre sua realidade próxima, seja na percepção que têm de fatos que lhes são mais distantes. Ademais, cada ator, independentemente de posição social e atividade prática, se insere em diversas redes de relação, interage com diferentes públicos – de várias camadas sociais e ocupações profissionais – e percebe o mundo cotidiano e o mundo objetivo como partes de uma mesma realidade, dos quais participa, e em relação à qual precisa tomar uma posição e conferir legitimidade. Por essa razão, ao envolver diferentes níveis, tipos de instituições e centros de poder, em complexas redes de relações, a problemática da legitimação, neste trabalho, é representada por uma área, ao invés de apenas um vértice, como assinalada na Figura 1.

De cada indivíduo, em diferentes papéis, são cobradas responsabilidades distintas. Por exemplo, não se espera de um estudante secundarista a autorização final para um cientista realizar determinada pesquisa ou algo no tocante a regras de biossegurança, muito embora ele possa formular juízos e atuar politicamente sobre vários desses aspectos; tampouco que um político conheça bem os processos biológicos envolvidos na busca de uma vacina. Não se pode, entretanto, desconhecer que as atribuições sociais de responsabilidade são diferenciadas; do contrário, como diria Luhmann, a vida social seria impossível. Nesse sentido, para Niklas Luhmann,[81] problemas de legitimação seriam questões ligadas à redução de complexidade dos sistemas. Os indivíduos, numa sociedade cada vez mais complexa e diferenciada, estariam, segundo a perspectiva desse autor, impossibilitados de proceder a múltiplos e constantes julgamentos do tipo moral, quanto ao que é justo, bom ou certo para ser aceito. Em sua abordagem, são os sistemas especialistas que têm as atribuições apropriadas para decidir sobre cada assunto; os demais membros da sociedade devem aceitar, porque não há como contestá-los, no mérito, apenas quanto aos procedimentos formais adotados nessas decisões. Daí

81 LUHMANN, Niklas. *Legitimação pelo procedimento*. Brasília: UnB, 1980.

que a noção de "legitimação pelo procedimento", de Luhmann, é motivo de muita controvérsia, sobretudo, hoje, quando o que é verdade ou não – proveniente da ciência –, a condição ou não de especialista – passam a ser objeto de disputas, as mais diversas, no ascenso de grupos políticos mundo afora.

Para dois de importantes críticos de Luhmann, Jürgen Habermas[82] e Claus Offe,[83] a crise de legitimação, típica dos contextos avançados de desenvolvimento capitalista, é um problema real e não mera invenção acadêmica; debate, esse, que ganha novos contornos, à luz da crise de 2008 e dos acontecimentos que vêm se multiplicando, como a discussão sobre o tema ambiental. O Estado capitalista avançado, segundo esses autores, encontra-se diante de uma crise estrutural, na impossibilidade de poder conciliar dois de seus objetivos principais: 1) coordenar adequadamente o processo global de acumulação de capital: regular conflitos entre capital e trabalho e entre frações hegemônicas dos grupos dominantes, e manter aquecido o processo de crescimento econômico e o aumento das taxas de lucro, sobretudo num contexto em que as inovações tecnológicas mudam o cenário global e a dinâmica das relações; e 2) garantir sua legitimidade no exercício dessas atribuições, isto é, ser reconhecido pela sociedade como legitimamente constituído para esse fim.

A crise estrutural apontada por Habermas e Offe decorre, de um lado, do que eles identificavam, em meados da década de 1970 e início de 1980, como tendência decrescente da taxa média de lucros no setor privado, e a necessidade requerida pelos grupos dominantes de que o Estado atuasse no sentido de reverter essas tendências. E, de outro lado, na dificuldade de o mesmo Estado retirar benefícios e conquistas sociais do grande público, para tentar

---

82 HABERMAS, Jürgen. *A crise de legitimação no capitalismo tardio*. Rio de Janeiro: Tempo Brasileiro, 1980.

83 OFFE, Claus. *Problemas estruturais do Estado capitalista*. Rio de Janeiro: Tempo Brasileiro, 1984.

contornar as pressões dos interesses privados, sem que, com isso, não coloque em risco a própria legitimidade, ao ser identificado como um Estado de classe (em favor do capital) e a desmistificar sua aparência de isenção e neutralidade. A expansão do chamado neoliberalismo, a partir do final da guerra fria e a multiplicação de reações sociais, como indica Castells,[84] as "redes de indignação e esperança" são sinais importantes de uma realidade em mutação, que aponta para cenários distintos e imprevisíveis quanto à estabilização e ao acirramento de conflitos.[85]

Nesse cenário, as redes sociais e a internet jogarão papel relevante, na medida em que permitam novas formas de comunicação, socialização e organização política, em uma palavra, de legitimação. Isso nos reúne em fóruns interdisciplinares, que envolvem a Sociologia, o Direito, o Jornalismo, a História e outros campos, que anseiam por compreender as várias faces e enigmas da política que se faz cotidianamente, a trazerem antigos temas, como o da relação capital-trabalho, agora sob a roupagem das tecnologias de informação e comunicação e suas novas modalidades de acumulação e concentração de ganhos e poder. Também se questionam outros dogmas consagrados e aparentemente estabilizados, como o da democracia representativa. A esse respeito, novas indagações passam a integrar a problemática contemporânea da legitimação, na medida em que os indivíduos se sentem impelidos a atuar nas decisões, sem intermediações, agora sob a possibilidade técnica dos novos recursos informacionais, à mão dos indivíduos, em seus celulares.

Nesse quadro, não se tratava, para Habermas e Offe (e ainda não no momento presente, para nós), de uma questão a ser decidida meramente por especialistas. Há profundos questionamentos morais quanto ao papel do Estado, na defesa do direito dos cidadãos e

---

84 CASTELLS, Manuel. *Redes de indignação e esperança*: movimentos sociais na era da internet. Rio de Janeiro: Zahar, 2013.

85 CASTELLS, Manuel. *Ruptura*: a crise da democracia liberal. Rio de Janeiro: Zahar, 2018.

quanto ao que estes consideram a posição adequada a ser tomada diante da pressão proveniente do capital e das demandas emergentes da economia, do meio ambiente e da educação, por exemplo; discussão que teve respaldo na chamada esquerda política e na "democracia social", no contexto dos anos 1980 e 1990.

Para se entender melhor a problemática da legitimação no mundo atual – algo típico da necessidade de integração social, distintamente da integração sistêmica, a ser buscada pelo Estado –, se inserem dois conceitos importantes propostos por Habermas. Trata-se dos conceitos de níveis de justificação e de crise motivacional.

Para esse autor, por "níveis de justificação" entendem-se as condições formais da aceitabilidade dos fundamentos, que conferem eficácia às legitimações; em suma, que lhes conferem a força de obter consenso e de formar motivos. Segundo Habermas, esses níveis podem ser colocados em ordem hierárquica. As legitimações de um estágio superado, qualquer que seja seu conteúdo, são invalidadas quando se passa para o estágio imediatamente superior: não é mais esse ou aquele fundamento, mas sim a espécie de fundamento que não convence mais.[86]

Esse conceito é particularmente importante, pois coloca grandes desafios para a legitimação no estágio atual do capitalismo,

---

86 HABERMAS, Jürgen. *Para a reconstrução do materialismo histórico*. São Paulo: Brasiliense, 1983, p. 225. Segundo admite o autor, ele poderia "apenas ilustrar com poucas indicações (...) os níveis de justificação historicamente conhecidos. Nas primeiras grandes civilizações, as famílias dominantes justificaram-se com a ajuda dos mitos sobre a origem. Assim, os faraós representaram-se inicialmente como deuses: por exemplo, como deus Hórus, filho de Osiris. A esse nível, bastam fundamentos narrativos suficientes, ou seja, contos míticos. Com o desenvolvimento imperial das antigas civilizações, cresce a necessidade de legitimação; não é mais apenas a pessoa do senhor que deve ser justificada, mas sim um ordenamento político (que é possível que o senhor transgrida). Servem a esse fim as éticas fundadas cosmologicamente, as religiões e filosofias que remetem aos grandes fundadores (como Confúcio, Buda ou Sócrates), aos profetas de Israel e a Jesus" (HABERMAS, Jürgen. *Para a reconstrução do materialismo histórico*. São Paulo: Brasiliense, 1983, p. 224).

em razão de que o "sistema", no momento, não poderia se apoiar em critérios de justificação do poder, já superados, o que tende a aumentar o grau de dificuldade – seja para a integração sistêmica, seja para a social – para se encontrar uma saída aceitável para os atores. Concordamos com esse aspecto e o entendemos como crucial, hoje, quando se buscam soluções aceitáveis para os graves conflitos, uma vez que, nessa acepção, alternativas já adotadas no passado, contra as quais se lançam os grupos sociais, não poderiam ser avocadas, novamente. Ou seja, isso coloca o capitalismo atual diante de grandes problemas como a redução de possibilidades para a superação das recentes crises. Em termos práticos, isso significaria, por exemplo, que antigas "soluções", adotadas na crise de 1930, não teriam o apelo atualmente para sua pronta aceitação. Na mesma linha, pode-se dizer que as práticas dominantes do chamado neoliberalismo, tendo em vista o surgimento de novos problemas e o agravamento de outros, como o aumento das desigualdades, parecem não ter encontrado, até o presente, uma saída viável para os grupos mais atingidos; e o recurso a antigas (as mesmas) alternativas utilizadas não poderiam ser adotadas *ipsis litteris*.

O outro conceito proposto por Habermas para essa discussão refere-se ao que chama de "crise motivacional". O autor fala de crise de motivação "quando o sistema sociocultural é alterado de tal forma que sua produção se torna disfuncional para o Estado e para o sistema do trabalho social".[87] Segundo o autor, os teoremas da crise motivacional são baseados em duas suposições. Em primeiro lugar, ao concordar com Freud, Durkheim e Mead, que as motivações são construídas por meio da internalização de estruturas de expectativas representadas simbolicamente.[88]

---

87 HABERMAS, Jürgen. *A crise de legitimação no capitalismo tardio*. Rio de Janeiro: Tempo Brasileiro, 1980, p. 99.

88 HABERMAS, Jürgen. *A crise de legitimação no capitalismo tardio*. Rio de Janeiro: Tempo Brasileiro, 1980, p. 121.

Nesse ponto, acompanhamos o autor, ao destacar a importância do que chamamos âmbitos micro e messocial, particularmente do "mundo vivido" e dos processos de formação de identidade – dinâmicos e sujeitos a pressões de toda ordem, econômicas, políticas e ideológicas – dos indivíduos e grupos sociais, no cotidiano das sociedades.[89]

Apesar da importância da crise administrativa, no capitalismo atual (com seu exame destacado nos anos de 1970), Habermas considera as crises do âmbito sociocultural como as mais relevantes. Para ele, o tipo de conflito social evidenciado pelos problemas administrativos nos remetem, em última análise, a problemas de lealdade das massas, isto é, para uma crise nos mecanismos de legitimação e motivação. A tese de Habermas é que os problemas de planificação não são produzidos prioritariamente por *déficits* de racionalidade administrativa, mas, antes, por um *déficit* de motivação.[90] Esse fato dá ênfase à problemática da legitimação no plano da integração social, relativamente à integração sistêmica.

Ao retornar à discussão sobre a acepção de Niklas Luhmann, em confronto com as teses de Habermas e Offe que se procurou apenas tangenciar, entendemos que não é o momento de se estender nessa discussão, e verificar qual das posições deve ser considerada, se a de Luhmann ou as de Habermas e Offe – se aquela que a concebe como mero assunto de intelectuais e especialistas, e que minimiza a correção dos procedimentos ou das deliberações, ou, se as outras, que buscam ressaltar o conteúdo moral, a perspectiva evolucionária dos fundamentos legitimadores, ou o papel do componente motivacional e da construção identitária dos indivíduos e grupos sociais –; nem há por que seguir radical e exclusivamente

89 Esse aspecto será abordado com mais pormenores no Capítulo VI.

90 PEREIRA, Leonardo Jorge da Hora. "Retomar a crítica interna do capitalismo? Revisitando a análise das crises em Problemas de legitimação no capitalismo tardio de Habermas". *In*: ______. *A noção de capitalismo tardio na obra de Jürgen Habermas*: em torno da tensão entre capitalismo e democracia. Campinas: Unicamp, 2012, p. 73. (Dissertação de Mestrado).

numa ou noutra dessas posições. Não se pode desconhecer o papel dos sistemas especialistas – que continuam cada vez mais investidos de conhecimento e instrumentos de poder – nas decisões importantes da prática jurídica, da grande imprensa, de jornalistas e de comentaristas políticos, cientistas e educadores; tampouco se deve minimizar o peso dos questionamentos que têm sido projetados no centro das mesmas decisões técnicas a respeito das práticas discursivas, ideológicas e jornalísticas, por exemplo.

A confiança dos indivíduos parece estar solapada diante do impacto que as novas tecnologias têm produzido no interior da sociedade. Os próprios sistemas especialistas são sujeitos a controvérsias por parte do público leigo; a confiança está abalada. As novas possibilidades informacionais, hoje, tocam em coisas muito sérias para ficarem somente no âmbito da ciência ou de especialistas, estudiosos, juristas e jornalistas. Deu-se o deslocamento (o "desencaixe", segundo Anthony Giddens) pela trilha da moralidade. Nesse ponto, teriam razão Habermas e Offe quanto a problemas de legitimação de cunho moral.

Não é só o Estado, como o fora no debate anterior analisado por eles, o centro da controvérsia, porém, o próprio espaço da tecnocracia, o (quase sagrado) da ciência, o da igreja e o de muitos outros, antes intocados, considerados uma espécie de *reservas de domínio*. Todos esses são agora e provavelmente o serão muito mais no futuro, instados a descer da condição da qual se revestiram, para a construção de novas possibilidades de relacionamento e de reconhecimento social; é uma tendência a se confirmar.

Não obstante, dando razão a Luhmann, entende-se que isso se fará não com menos conhecimento, mas, ao contrário, com mais especialização, informação e conhecimento, e regras procedimentais. No momento, porém, os sistemas sociais e seus entornos – o mundo complexo e circundante, na terminologia luhmanniana – estão em elevado grau de turbulência. Os acertos finais, os que resultarão dessa interação entre diferentes níveis de complexidade e a estruturação da prática política, dependerão de como os indivíduos e os grupos sociais estabelecerão alinhamentos retóricos, numa expressão recorrente na análise de discurso, e no modo como os conflitos serão refreados (ou não) por novas esperanças – alimentadas pelos sistemas especialistas ou por utopias que poderão emergir de novas possibilidades de realização e de compensação material ou social, como o prestígio.

De uma maneira bastante esquemática, cada narrativa é sustentada por um determinado *stakeholder*, que dela se beneficia ou é por ela prejudicado. As narrativas competem entre si – daí a ideia de contra-narrativas –, na busca por obterem maior legitimidade para suas posições. Entretanto, muitas narrativas e contra-narrativas coexistem no tempo e no espaço e estabelecem entre si determinados "nexos", que dão coerência a um contexto sócio-histórico específico. É o conceito de "nexos discursivos", desenvolvido por Campbell.[91] No caso presente, verifica-se o nexo da acumulação de capital, o nexo do desenvolvimento social, o nexo do ecodesenvolvimento, o nexo das redes sociais, o das novas tecnologias de informação e comunicação e muitos outros, no exame da problemática da legitimação contemporânea, e em face à democracia representativa. Cada um deles pode ser dominante em um determinado quadro evolutivo dessa prática, numa realidade concreta, e ser suplantado por outro, historicamente.

O jogo estabelecido entre os diferentes atores, nos distintos espaços sociais de marcação de posição e embate político, implica a existência de múltiplas possibilidades de acordo, manipulação de opinião ou mesmo enfrentamento e repúdio. Tudo isso é parte constitutiva do processo de legitimação em qualquer situação concreta. É isso que se quis dizer que a legitimação não significa algo estável, imutável, e necessariamente consensual, mas, ao contrário,

---

91 CAMPBELL, Lisa M. *Conservation narratives in Costa Rica*: Conflict and co-existente. Oxford: Development and Change, 2002.

uma realidade instável, dinâmica e processual. Para examinar mais detidamente essa realidade, propomos os próximos dois capítulos, que tratam da descrição do estágio atual do capitalismo e suas várias crises – econômica, social, sistêmica e identitárias.

PARTE II

CONTEXTO ATUAL DO DESENVOLVIMENTO

Esta parte do trabalho abordará o estágio atual do capitalismo, sua crise e o que estamos chamando de "crise societal". A ideia é caracterizar o momento em que o capitalismo tem se desenvolvido e seus dilemas, e quais são os elementos constitutivos de suas tensões. Isso será feito ao apresentar não apenas o modo como o capitalismo vem evoluindo, os principais interesses em disputa e a busca pela hegemonia. Também será objeto de atenção os impactos mais amplos e as consequências na vida em sociedade, trazidos pelos recentes avanços capitalistas.

Cada um desses objetivos, por si sós, merecem um livro específico. Contudo, sem se deter a uma realidade particular, isto é, a uma determinada sociedade, em um tempo e a um lugar em especial, o grande interesse de fundo é buscar entender o modo como as crises recentes repercutem na problemática da legitimação atualmente.

O Capítulo V abordará o estágio atual do capitalismo, bem como suas recentes crises; e o Capítulo VI tratará do que estamos designando "crise societal". Esta última está ligada a crises capitalistas e apresentará aspectos peculiares, não econômicos, que interferem diretamente na problemática da legitimação. Ambos os capítulos formam o cerne da presente reflexão, em termos de destacar uma espécie de retrato atual da realidade das sociedades, os quais serão complementares entre si nessa descrição.

CAPÍTULO V

O ESTÁGIO ATUAL DO CAPITALISMO E SUA CRISE[92]

Edemilson Paraná

Sabemos que, apesar de guardar caraterísticas gerais e abstratas que o definem enquanto tal, o capitalismo não é um modo de produção rígido, estanque e invariável ao longo da história, antes o contrário: se modifica, se transforma e evolui. Como o mais "revolucionário" modo de produção até então, aprendemos, entre outros, com Marx, que o capitalismo vive da constante revolução de si mesmo.

---

92 As contribuições aqui apresentadas valem-se amplamente de conteúdos desenvolvidos em PARANÁ, Edemilson. *A Finança Digitalizada*: capitalismo financeiro e revolução informacional. Florianópolis: Insular, 2016 e PARANÁ, Edemilson. *Bitcoin*: a utopia tecnocrática do dinheiro apolítico. São Paulo: Autonomia Literária, 2020. Ambos os trabalhos foram orientados pelo professor Michelangelo Trigueiro. No entanto, em que pese sua contribuição aos textos citados anteriormente, cumpre esclarecer que os referidos trabalhos não se alinham, necessariamente, em termos de abordagem teórica, à problemática da "legitimação".

Da transnacionalização da produção industrial e da globalização financeira ao novo mundo das grandes empresas do Vale do Silício, testemunhamos, nas últimas cinco décadas, importantes mudanças culturais, sociais, políticas e econômicas. Para mencionar apenas algumas dentre as mais significativas: o fim do bloco socialista e da Guerra Fria, a criação da comunidade do euro, o surgimento e a consolidação de outros blocos econômicos regionais em todo o mundo, e o estabelecimento do que parecia ser um novo inquebrantável consenso em torno da díade democracia representativa-economia liberal de mercado. Grosso modo, é possível dizer que o período mencionado pode ser definido por dois processos estruturais correlacionados: a financeirização neoliberal de um lado e uma nova rodada de "ascensão" das máquinas (informatização, robotização) do outro.

O rápido processo de automação e robotização faz parte, desse modo, de um cenário mais amplo de mudanças sociais significativas. Primeiro, como consequência do desenvolvimento das tecnologias da informação e da comunicação, que ajudou a criar condições para uma grande reestruturação produtiva, abertura e integração de mercados nos anos 1970 e 1980, e evoluiu através do computador pessoal e da internet, nos anos 1990, para o mundo atual, em que *smartphones*, processamento de dados em massa e algoritmos estão por toda parte – das altas finanças às atividades pessoais mais básicas e íntimas.

Nessa via, há não muito tempo atrás, a natureza "progressista" e disruptiva do capitalismo vinha se expressando em duas grandes tendências: de um lado, a integração econômica, através dos mercados de produção, trabalho e consumo, de grandes setores da população mundial (nos chamados países em desenvolvimento), e, de outro, na relativa manutenção do poder de compra e no padrão de vida nos países desenvolvidos através da expansão do crédito, da importação massiva de produtos baratos e do crescimento do setor de serviços; processos que, unidos, vieram a ser definidos pela simpática alcunha de "nova economia". Em meio a isso tudo, de um lado a outro, os processos de liberalização, privatização e desregulamentação dos mercados (mercados de trabalho incluídos) mantiveram seu ritmo, não sem contar, em certas localidades, com algum apoio popular, materializado na consolidação de uma ideologia ou "razão" neoliberal,[93] ou seja, na construção ativa de um ambiente político favorável ao neoliberalismo.[94] Nesse contexto, a reestruturação produtiva, a expansão financeira e a crescente digitalização dos mercados financeiros[95] foram realizadas em um ambiente desregulamentado, em que os lucros aumentavam no ritmo de riscos crescentes.

Apesar do susto gerado pelo estouro da bolha das "pontocom", em 2001, esse "progresso" parecia seguir uma trajetória entusiasmante, ao menos até a grande crise financeira de 2008, quando um mundo atônito descobriu as enormes rachaduras na ordem econômica global: o ritmo de uma expansão financeira sem precedentes não estava sendo seguido pelo lado produtivo das economias. A redução da demanda agregada, o aumento das desigualdades[96] e as disparidades entre poupança e investimento tornaram-se evidentes, com grandes consequências.

Desde então, as coisas vêm se afastando, em diferentes ritmos e direções, daquele cenário de excitação. Depois de uma primeira

---

93 FOUCAULT, Michel. *Nascimento da biopolítica*: curso dado no Collège de France, 1978-1979. São Paulo: Martins Fontes, 2008; BOLTANSKI, Luc; CHIAPELLO, Ève. *O Novo Espírito do Capitalismo*. São Paulo: Martins Fontes, 2009; DARDOT, Pierre; LAVAL, Christian. *A nova razão do mundo*. São Paulo: Boitempo, 2016.

94 BOURDIEU, Pierre. "The essence of neoliberalism". *Le Monde Diplomatique*, dez. 1998. Disponível em: https://mondediplo.com/1998/12/08bourdieu. Acessado em: 09.09.2022; HARVEY, David. *O neoliberalismo*: história e implicações. São Paulo: Edições Loyola, 2008; BROWN, Wendy. *Undoing the Demos*: Neoliberalism's Stealth Revolution. Nova York: Zone Books, 2015.

95 PARANÁ, Edemilson. *A Finança Digitalizada*: capitalismo financeiro e revolução informacional. Florianópolis: Insular, 2016.

96 PIKETTY, Thomas. *Capital in the Twenty First Century*. Harvard: Harvard University Press, 2014.

resposta positiva à crise, o processo de integração econômica das periferias do capitalismo começa a apresentar seus limites, com declínio do crescimento e das expectativas em grande parte deles; enquanto o centro enfrenta problemas como endividamento, desemprego e crescente desigualdade frente a duras políticas de austeridade.[97] A dissipar ainda mais as expectativas alvissareiras, novas correntes migratórias e um novo modo de guerra descentralizada (no qual se incluem as redes de terrorismo) demandam soluções; e aqueles radicalismos políticos, que se pensou terem sumido para sempre, voltam a se fazerem vistos. Somando-se a outra dimensão obscura, a própria ideia de existência humana, no já problemático modo de vida presente, se vê ameaçada pelas consequências inevitáveis da mudança climática.

Em meio a tal contexto, o desenvolvimento tecnológico, no entanto, segue, curiosamente, como uma das esferas ainda depositárias de esperança no prospecto de um futuro melhor. Certo ou errado, é razoável imaginar que o avanço tecnológico continuará relacionado a mudanças importantes na natureza do trabalho, na estrutura de produção e nas sociabilidades, no futuro próximo.

Nas últimas décadas, as tecnologias da informação e da comunicação (TIC) possibilitaram expandir e intensificar as cadeias de produção globais, ampliando a competição entre os trabalhadores, em diferentes regiões de todo o mundo. A objetivação das habilidades dos trabalhadores em máquinas foi acelerada com o advento das TIC, bem como com o uso dessas tecnologias para a continuação do processo produtivo, na eventualidade de greves e interrupções. Assim é que, no ambiente de trabalho, as maravilhas da "nova economia" tomaram a forma de um monitoramento eletrônico em larga escala dos trabalhadores/consumidores, o que possibilitou aprofundar as formas de exploração.

---

97 STREECK, Wolfgang; SCHÄFER, Armin (Coord.). *Politics in the Age of Austerity*. Londres: Polity, 2013; BLYTH, Mark. *Austeridade*: a história de uma ideia perigosa. São Paulo: Autonomia Literária, 2017.

De um lado, à medida que as dificuldades de sobreacumulação persistem na economia mundial, a pressão para aumentar os lucros através da exploração do trabalho se intensifica. De outro lado, a especulação nos mercados financeiros segue à toda força, uma vez que as cirandas financeiras geralmente oferecem maiores oportunidades de lucro do que os investimentos produtivos (sobretudo em relação àqueles setores que já sofrem com excesso de capacidade). Sob a "nova economia", é no setor financeiro, então, em que se verificam o maior investimento do setor privado em tecnologias da informação, a maior concentração de trabalhadores do conhecimento e a taxa mais rápida de inovação de produtos.

Tomando as projeções e evidências que emergem no início deste século, os próximos anos devem trazer um crescimento dos investimentos em automação, robótica e inteligência artificial, nanotecnologia e biotecnologia, novos materiais e aceleração do desenvolvimento tecnológico multidisciplinar, com aplicações cada vez mais integradas. Além das buscas, já em marcha, por carros sem motorista (Tesla), lojas sem trabalhadores (Amazon) e pelo desenvolvimento mais amplo da inteligência artificial (Google, IBM), avança neste contexto a aposta em tecnologias financeiras como forma de contornar as incertezas da economia global e de reconfigurar, de forma mais ampla, a relação sistêmica entre bancos, governos e sociedades – destaque para o entusiasmo em torno das chamadas *fintechs* (*startups* em tecnologia financeira e bancária).

Nesse cenário, a disruptiva expansão do setor financeiro está na ponta de lança da globalização tecnológica, com destaque para o *boom* das telecomunicações e da internet nas últimas décadas. É nos mercados financeiros de todo o mundo, então, onde as fronteiras da negociação automatizada em altíssima velocidade, processamento ubíquo de dados, inteligência artificial, realidade aumentada, entre outras, vêm sendo expandidas na prática. O processo de informatização, que ganhou inúmeras esferas da vida social, apresentam consequências que ainda estão por ser devidamente compreendidas.

Diante disso, e tendo como pano de fundo a consideração do problema do desenvolvimento científico-tecnológico, esse texto pretende oferecer um diagnóstico do capitalismo contemporâneo à luz de dois processos macrossociais que o estruturam e o definem em sua "fase" atual: a neoliberalizaçãoe a financeirização das economias – que aqui dão corpo, respectivamente, às duas partes em que se divide esse capítulo.

Isso porque, pensar a historicidade do capitalismo que se consolida nas últimas cinco décadas, significa examinar mais de perto o *neoliberalismo*; as transformações no estatuto das relações entre capital, Estado e sociedade levadas a cabo com a emergência de um *novo regime de acumulação* – flexível, com dominância da valorização financeira – e suas novas formas socio regulatórias e ideológicas correspondentes.

Cumpre notar que, a despeito dessa construção narrativa, longe de uma linearidade temporal, tais processos se dão – guardadas as diferenças concretas com que se expressam nas distintas formações sociais – de maneira concomitante, combinada e sobredeterminada.

5.1 Capitalismo neoliberal

Cumpre iniciar essa reflexão apontando, de modo geral, que sob a hegemonia[98] neoliberal, as amarras, regulações e controles parciais que constrangiam o poder do dinheiro, na fase anterior, são paulatinamente retirados. Isso leva a um período de aumento de sua importância relativa frente às dinâmicas de acumulação, ao Estado e à sociedade (aumento efetivo de importância, veremos, que se encontra, não por acaso, com uma desimportância teórica conferida ao dinheiro, no pensamento tornado hegemônico).

---

98 Por hegemonia entende-se, aqui, a reprodução e mobilização do "consentimento ativo" dos dominados para com a classe dominante por meio do exercício de liderança moral, intelectual e política.

No que se segue, procederemos a um breve panorama da transição pela qual passou o capitalismo entre as décadas de 1960 e 1980, ao que se desdobrará, em seguida, em um debate sobre o neoliberalismo – o que o define e o caracteriza, em linhas gerais, como tal. Por fim, antes de adentrarmos à segunda parte, dedicada à problemática da financeirização, passamos a discutir o que a nova fase oferece de singular quanto às relações entre dinheiro, Estado e política econômica.

5.1.1 Como chegamos até aqui: do consenso keynesiano à "revolução" neoliberal

No ocaso da *Pax Britânica* e nos desdobramentos da catastrófica experiência da crise de 1929, ganham força os argumentos em torno da necessidade de uma regulação externa ao sistema econômico, de modo a melhor garantir seu funcionamento. São ideias que avançam em prestígio, especialmente a partir de 1936, com a publicação da *Teoria geral do emprego do juro e da moeda*, de John Maynard Keynes[99]– obra que desenvolve uma nova matriz teórica para a prática intervencionista do Estado no Ocidente capitalista.

Findada a Segunda Guerra Mundial, e com o avanço paulatino desse "novo consenso", o crescimento econômico nos países capitalistas desenvolvidos se estrutura, nesse diapasão, sob a forma de economias mistas, em que mercados e regulamentação, setores público e privado, atuam de modo mais ou menos coordenado: o mercado tem papel central, mas não menos importantes são o Estado, o planejamento e as políticas públicas. A intervenção do Estado assume, assim, um caráter legítimo, não apenas para a mobilização dos recursos materiais necessários em tempos de guerra, mas, também, de modo a sustentar e impulsionar o crescimento econômico em tempos de paz.

---

99 KEYNES, John Maynard. *A Teoria Geral do Emprego, do Juro e da Moeda*. (Coleção Os Economistas). São Paulo: Nova Cultural, 1996.

Nessa "era keynesiana", as despesas do Estado não somente crescem em relação ao Produto Interno Bruto, como mudam em significado. Conforme recorda Brunhoff,[100] é precisamente esse o momento de advento da ideia de *política econômica*, rótulo que assume o conjunto de medidas discricionárias por meio das quais se dá a intervenção do Estado: as políticas fiscal (orçamento), monetária (ação sobre o crédito e a taxa de câmbio) e social (regimes de seguridade e de proteção social, regulamentação da relação salarial etc.). Ao Estado cabe regular o mercado, determinando a alocação de recursos e a distribuição de renda, bem como a relação entre poupança e investimento.

O padrão de concorrência capitalista característico desse período por seu turno, conforme explica Belluzzo,[101] articula-se na estabilidade das estruturas de mercado oligopolizadas (oligopólios concentrados, que prevalecem na produção de bens homogêneos, e oligopólios diferenciados, dominantes nos setores intensivos em inovação tecnológica) – o que mais tarde viria a ser teorizado, por autores como Baran e Sweezy,[102] como ponto nevrálgico daquilo que denominaram "capitalismo monopolista". Correlata a esse modo de concorrência, verifica-se uma organização empresarial burocrática e severamente hierárquica, "fruto da separação entre propriedade e controle, iniciada nas três últimas décadas do século XIX".[103]

---

100 BRUNHOFF, Suzanne de. *A hora do mercado*: crítica do liberalismo. São Paulo: Editora Unesp, 1991, p. 22.

101 BELLUZZO, Luiz Gonzaga. *O capital e suas metamorfoses*. São Paulo: Editora Unesp, 2013.

102 BARAN, Paul; SWEEZY, Paul. *Capitalismo Monopolista*. Rio de Janeiro: Zahar, 1974.

103 BELLUZZO, Luiz Gonzaga. *O capital e suas metamorfoses*. São Paulo: Editora Unesp, 2013, p. 29. "O *administrador profissional* era o principal protagonista do processo de gestão ancorado na burocracia. A *administração por objetivos* surge como a forma de conferir aos administradores as condições adequadas para a tomada de decisões. Nas camadas inferiores da pirâmide burocrática, a definição de *carreira* – incluída a escala salarial – era

No interior desse paradigma, materializado no controle keynesiano da demanda efetiva, na regulação fordista do sistema produtivo e no Estado do Bem-Estar Social, o capitalismo cresce de modo sustentado por cerca de três décadas – os chamados "anos dourados". Era como se, finalmente, após grandes crises e guerras catastróficas, o ponto de equilíbrio entre planejamento econômico e livre iniciativa tivesse sido encontrado. Em meio à guerra fria, o "perigo vermelho", sempre à espreita do outro lado do muro, servia como alerta e ameaça para uns, e horizonte político de possibilidade para outros; razão adicional, em qualquer caso, para ações permanentes de garantia das condições de vida dos trabalhadores e das maiorias sociais.

Mas, a despeito da fé no poder do Estado para civilizar o capital, nenhuma política econômica foi capaz de evitar a crise de grandes proporções que, em 1974-1975, atingiu, mais uma vez, os países capitalistas desenvolvidos. O crescimento sustentado e expressivo do pós-guerra, em verdade já constrangido desde meados da década de 1960 por uma baixa rentabilidade do capital, abriu as comportas para um período de "estagflação" (aumento do desemprego acompanhado de alta dos preços).

Sobre este período, Chesnais[104] nos oferece uma apurada explicação das transformações que, a partir de então, criam as condições objetivas para uma paulatina superação do paradigma keynesiano-fordista em crise, e a consequente emergência de um novo arranjo: o neoliberalismo.

Frente a um crescimento mais ou menos controlado nas dimensões monetária e financeira, pelo sistema de governança internacional

---

guiada por critérios meritocráticos. A ascensão aos cargos superiores desempenhava papel de mecanismo de controle, disciplina e, ao mesmo tempo, de incentivo aos funcionários dos escritórios e aos trabalhadores do chão de fábrica" (BELLUZZO, Luiz Gonzaga. *O capital e suas metamorfoses*. São Paulo: Editora Unesp, 2013, p. 29, grifos do autor).

104 CHESNAIS, François. *A mundialização do capital*. São Paulo: Xamã, 1996.

que se estrutura a partir dos acordos de Bretton Woods, começam a se fazer perceber algumas dificuldades de valorização do capital investido no processo produtivo. Assim, já em meados dos anos 1960, uma massa de capitais que busca valorizar-se centralmente a partir da esfera financeira começa a ganhar amplitude.

Nesse quadro, os lucros de grandes transnacionais (como as estadunidenses, por exemplo) não repatriados, mas, tampouco, reinvestidos na produção, são depositados, em *off-shores*,na *City* londrina. Esse capital represado serve de base ao primeiro grande impulso do mercado de eurodólares.[105] O choque do petróleo (e o movimento dos chamados petrodólares), bem como a mencionada recessão de 1974-1975 reforçam a tendência de busca por valorização financeira.[106]

Em meio a esse contexto, a pressão e ameaça aberta ao papel do dólar estadunidense como meio de pagamento internacional precipita-se, pela via de uma resposta comandada por Paul Volcker, no abandono da paridade ouro-dólar e na posterior alta dos juros estadunidense e mundiais. É por meio desse choque monetário que os países em desenvolvimento, à altura endividados em dólar, são vítimas de uma brutal crise da dívida, que assola especialmente os países latino-americanos (e cabe, aqui, a rápida lembrança de que é justamente em resposta a tal crise que essas acuadas nações serão levadas a aplicar uma agenda de ampla e rápida liberalização

105 Mercado de dólares negociados fora dos EUA, inicialmente na Europa. Por não estarem sendo negociados nos Estados Unidos, tampouco portarem a condição moeda local na Europa, esses dólares são negociados sem os controles cambiais usualmente aplicados às transações.

106 Conforme adiciona Paulani, "Ao longo de todo esse processo, que durou quase uma década, foram evidentemente aumentando as pressões tanto por uma política monetária mais favorável aos credores (leia-se, juros reais elevados) quanto por uma maior liberalização financeira, sem o quê esses capitais, móveis por definição, ficavam sem a liberdade necessária para aproveitar, em cada momento, a melhor opção de valorização". (PAULANI, Leda Maria. *Modernidade e discurso econômico*. São Paulo: Boitempo, 2005, p. 134).

e abertura de suas economias). Assim, contando com somas expressivas transferidas pelos países periféricos aos países centrais sob a forma de pagamentos de juros pelos créditos obtidos, a esfera financeira avança em seu cortejo.[107]

Mas a transformação estrutural pela qual passa o capitalismo nas últimas décadas não ocorre exclusivamente, sequer primariamente, no mundo das finanças. Trata-se, antes, conforme Belluzzo,[108] de uma "convergência entre a centralização do controle pela Finança, a fragmentação espacial da produção e a centralização do capital produtivo". Assim é que, para além de uma mudança substantiva nas relações de poder dentro dos (e entre os) países, a transição sistêmica de que se fala seria impensável sem as dinâmicas paralelas, complementares e basilares de reestruturação dos processos de produção, de rearranjo dos mecanismos de controle do trabalho e do curso produtivo, agora tendencialmente "flexíveis", de transformação nos paradigmas administrativos e de gestão da grande empresa capitalista, de maior integração internacional entre as cadeias produtivas, de constituição de novos hábitos e padrões de consumo etc. Como base técnico-operacional, seja da integração e liberalização dos mercados financeiros, seja do redesenho dos processos e dinâmicas de produção e consumo, ambos

---

107 "A 'desregulação estatal' das economias nacionais é frequentemente interpretada como a expressão de um enfraquecimento relativo dos Estados nacionais, sob o efeito da nova economia mundial. A administração da crise não poderia mais ser feita com os meios da política keynesiana, que operava num quadro nacional. Entretanto, essa tese desconhece a importância da *centralização de fato* que se efetua sob a égide dos Estados Unidos, e da qual o papel financeiro do dólar 'forte' foi uma das expressões no início dos anos 80. *Sem ela, a explosão de medidas 'pró' livre-intercâmbio não poderia ocorrer*! O capital necessita de um contexto institucional, que não deriva naturalmente dos mercados internacionais. A centralização econômica privada requer uma centralização política" (BRUNHOFF, Suzanne de. *A hora do mercado*: crítica do liberalismo. São Paulo: Editora Unesp, 1991, p. 171, grifos da autora).

108 BELLUZZO, Luiz Gonzaga. *O tempo de Keynes nos tempos do capitalismo*. São Paulo: Contracorrente, 2016, p. 104.

são crescentemente internacionalizados, e não podemos deixar de mencionar ainda o barateamento do transporte internacional e, especialmente, o desenvolvimento das novas tecnologias da informação e comunicação, com destaque para o poder da computação e da internet. Fala-se de mudanças materiais que responderam a (ao mesmo tempo em que as induziram) mudanças sociais amplas.

Tudo somado, o fim da "era dourada" de crescimento mundial no final da década de 1960, o colapso do sistema de Bretton Woods, no início dos anos 1970, a erosão do chamado "compromisso keynesiano" nos países ricos, em meados da década de 1970, o colapso do bloco soviético, na década de 1980, e a implosão de alternativas de desenvolvimento nos países periféricos, especialmente depois das crises do balanço de pagamentos nos anos 1980 e 1990, vão se reforçando mutuamente, de modo a possibilitar a emergência de uma nova fase.

Seguindo aqui a nomenclatura da escola da regulação francesa, foi o somatório desses processos que pôs a termo o "regime de acumulação keynesiano-fordista" e seu modo de regulação correlato. A combinação de fatores acima delineada abre, desse modo, possibilidade para a constituição de um novo capitalismo, articulado sob um "regime de acumulação com dominância da valorização financeira", estruturado por um modo de regulação "flexível", tendencialmente rentista e "curto-prazista", dirigido pela cognição econômica da finança. Esses aspectos serão mais bem desenvolvidos à frente, na segunda parte deste capítulo.

O neoliberalismo emerge, assim, como uma solução favorável às finanças, para os problemas de acumulação de capital, no final de um ciclo relativamente longo de prosperidade – eis a ligação das duas grandes dimensões desenvolvidas por esse capítulo. O avanço de novas ideias e valores neoliberais bem como a "revolução conservadora", levada à cabo por Margareth Thatcher e Ronald Reagan, no fim dos anos 1970, aparecem como uma espécie de ponto de encontro ou culminância desse processo: o necessário ataque às concessões sociais e à estabilidade do trabalho, a implementação de políticas de favorecimento dos interesses de credores e a busca da estabilidade monetária a qualquer preço ganham, enfim, programa, retórica e novos representantes políticos. Assim é que o objetivo do pleno emprego da mão de obra, característico do "período keynesiano", deixa de ser prioritário, e os governos da Grã-Bretanha e dos Estados Unidos adotam políticas de "desinflação", às custas de um desemprego elevado.

Incapaz de impedir a crise, a política econômica keynesiana perde em legitimidade política, sendo detratada como ilusória e incoerente: apesar das continuadas intervenções estatais, as ações no campo do investimento não pareciam levar aos resultados esperados.[109] Eis que o terreno passa a ser ocupado, então, por uma "nova ortodoxia" econômica, defensora da regulação da economia pelo mercado. Os dogmas dessa regulação *pelo* mercado – algo diferente de uma concepção *de* mercado que parte da análise do modo de funcionamento capitalista, como é o caso do keynesianismo – voltam à tona no plano das ideias e das práticas governamentais; regulação essa que deve ser feita não apenas sem a intromissão do Estado, mas, inclusive, contra ele, se necessário for. Grosso modo, esse novo liberalismo econômico recoloca a oposição simples entre Estado intervencionista e mercado regulador, desperdícios públicos e eficiência dos agentes privados, forçando todos os demais a se situarem a partir desse terreno.

---

109 Alguns analistas, como Claus Offe (OFFE, Claus. *Problemas estruturais do Estado capitalista*. Rio de Janeiro: Tempo Brasileiro, 1984), identificaram nessa "crise fiscal" um impasse estrutural do capitalismo, relacionando-o a um problema de "legitimação" nos países capitalistas centrais. Assim, os motivos da mencionada crise residiram na contradição entre as tarefas de legitimação das instituições políticas e econômicas (que resultavam em gastos públicos e tributação crescentes) e as de valorização do capital (submetida a um clima de negócios que buscava evitar essa mesma taxação). Tema, este, abordado, certo modo, no capítulo IV.

O rigor orçamentário se torna palavra de ordem. Desregulamentações, privatizações e desnacionalizações passam a ser aplicadas por governos conservadores e se espalham por toda parte. O ataque ao Estado de Bem-Estar se articula na ideia de que o crescimento econômico deve ser apartado das medidas sociais, de modo a depurá-lo de elementos "não-econômicos" e, portanto, indesejáveis.[110]

Sobre as ideias que amparam, neste momento, não raro de modo difuso, tais ações, cabe uma breve nota. Sabe-se que, a partir da década de 1930, os liberais estavam, em grande medida, na defensiva, dado fazer pouco sentido, naquele contexto, defender a redução da presença do Estado ou mesmo insistir no caráter virtuoso do mercado. Mas é justamente nesse momento, logo após o término da Segunda Guerra, que nasce o neoliberalismo[111]

---

110 "As medidas da intervenção pública que sustentavam a demanda efetiva, como os seguros sociais ou as subvenções, tinham assumido, desde a época do *New Deal*, um caráter econômico. A nova ortodoxia nega-lhes esse caráter, desconsiderando-as também como reformas sociais, já que é mau tudo o que não é bom para a iniciativa privada. A ideologia da *contrarreforma* tem por função promover um novo consenso, hostil ao intervencionismo estatal. No início dos anos 1980, ele é o foco principal na abordagem das questões do crescimento econômico" (BRUNHOFF, Suzanne de. *A hora do mercado*: crítica do liberalismo. São Paulo: Editora Unesp, 1991, p. 34).

111 Destaque para a fundação, em 1947, da Sociedade MontPelerin, composta por intelectuais de diversos países, reunidos em torno da promoção dos valores e princípios do (neo) liberalismo, tendo sido fundamental em sua propagação. Entre seus membros-fundadores estão Friedrich Hayek, Karl Popper, Ludwig von Mises e Milton Friedman. A sociedade foi fundada após uma conferência internacional organizada por Hayek na localidade de Mont-Pèlerin, próxima às cidades de Vevey e Montreux, na Suíça – daí seu nome. Entre seus integrantes, nada menos do que oito viriam a ganhar o Prêmio Nobel de Economia: Gary Becker, George Stigler, James Buchanan, Maurice Allais, Milton Friedman, Douglass North e Ronald Coase, além do próprio Hayek. Para estudos e debates aprofundados, e não necessariamente coincidentes, em torno da história política e intelectual do neoliberalismo, ver DÚMENIL, Gérard; LÉVY, Dominique. *Capital resurgent*: roots of the neoliberal revolution. Cambridge: Harvard University Press, 2004; HARVEY, David. *O neoliberalismo*: história e implicações. São Paulo: Edições Loyola, 2008; PAULANI, Leda Maria. *Modernidade e discurso econômico*. São Paulo:

– como uma reação teórica e política enérgica contra o Estado intervencionista e de bem-estar; não apenas aquele em construção na Europa do plano Marshall, mas também o que levara a cabo o *New Deal* estadunidense.[112]

Surge, assim, uma oposição vigorosa contra toda e qualquer restrição ao mercado por parte do Estado. Para expoentes como o filósofo e economista Friedrich Hayek, em torno de quem, no fim dos anos 1940, se reúne um grupo de intelectuais afinados com a nova doutrina, a imposição de qualquer limitação ao mercado configurava uma ameaça frontal, não apenas à liberdade econômica, como também à liberdade política.[113] Em sua letra, o mercado aparece como um sistema de comunicação que processa informações provenientes de inúmeras e diversas fontes, o mais eficiente mecanismo criado de modo consciente pelo homem para a utilização dessas informações. Assim sendo, intervenções de qualquer tipo nessa dinâmica não poderiam ser outra coisa que não indesejáveis e contraproducentes.[114]

Boitempo, 2005; DARDOT, Pierre; LAVAL, Christian. *A nova razão do mundo*. São Paulo: Boitempo, 2016; BLYTH, Mark. *Austeridade*: a história de uma ideia perigosa. São Paulo: Autonomia Literária, 2017.

112 ANDERSON, Perry. "Balanço do neoliberalismo". *In*: SADER, Emir; GENTILI, Pablo (Coord.). *Pós-neoliberalismo*: as políticas sociais e o Estado democrático. Rio de Janeiro: Paz e Terra, 1995.

113 HAYEK, Friedrich A. *O caminho da servidão*. São Paulo: Instituto Ludwig von Mises Brasil, 2010.

114 "Não há outra alternativa: ou a ordem estabelecida pela disciplina impessoal do mercado, ou a ordem comandada pelo arbítrio de alguns indivíduos; e aqueles que se empenham em destruir a primeira estão ajudando, consciente ou inconscientemente, a criar a segunda" (HAYEK, Friedrich A. *O caminho da servidão*. São Paulo: Instituto Ludwig von Mises Brasil, 2010, p. 189). Ou ainda: "para essa sociedade complexa não ser destruída, a única alternativa à submissão às forças impessoais e aparentemente irracionais do mercado é a submissão ao poder também incontrolável e, portanto, arbitrário de outros homens" (HAYEK, Friedrich A. *O caminho da servidão*. São Paulo: Instituto Ludwig von Mises Brasil, 2010, p. 193).

Durante as décadas que se seguiram ao início dos anos 1930, os defensores de uma economia pura e de livre concorrência representavam uma minoria isolada, e essa mensagem do neoliberalismo do pós-guerra, hoje bastante conhecida, ficou basicamente restrita ao debate teórico. Mas isso não impediu que as correntes de pensamento ligadas ao liberalismo, ainda que relegadas a essa marginalidade, permanecessem desde semprehostis aos postulados keynesianos. O novo contexto de crise possibilitou que essas ideias fossem alçadas à dominância intelectual e ao posto de programa econômico adotado por governos em distintas partes do globo:

> em meio a esse quadro, não foi preciso nenhum grande esforço das ideias neoliberais engavetadas há trinta anos para que saíssem do mutismo desse mundo e ganhassem a esfera ruidosa e concreta da circulação capitalista. O mundo finalmente lhes prestava as devidas reverências. Objetivamente, o Estado ia se retirando de cena, as privatizações iam acontecendo no mundo desenvolvido e no não-desenvolvido, os mercados iam se desregulando, as políticas monetárias iam se arrochando, os gastos públicos iam minguando etc. A receita estava sendo aplicada e a pregação sobre as virtudes inatas do mercado finalmente se fazia ouvir.[115]

Mas se não devemos superestimar a força das ideias (neo) liberais, tampouco se pode menosprezar os efeitos e, sobretudo, a resiliência prática e a capacidade criadora do neoliberalismo. Um exemplo: diante das políticas deliberadas de ataque às transferências sociais e serviços públicos, de promoção da instabilidade no emprego e aumento da concorrência entre os trabalhadores, bem como o desprezo aberto em relação às políticas de garantia da demanda efetiva, muitos dos analistas, à época, corretamente apontaram o risco econômico representado pela queda do consumo frente às

---

115 PAULANI, Leda Maria. *Modernidade e discurso econômico*. São Paulo: Boitempo, 2005, p. 135.

novas políticas de depreciação salarial[116] e, assim, as armadilhas que o neoliberalismo construía para si mesmo. Tais críticos não foram capazes de antever, no entanto, a consequente explosão do endividamento das famílias, animada pela expansão do crédito nos novos sistemas financeiros agora afrouxados, em que se viu no capitalismo desenvolvido. Livres da obrigação dos compromissos sociais e das formas de controle econômico de outrora, novos e criativos mecanismos e arranjos de gestão financeirizada das dívidas pública e privada entraram em cena – algo que, como se sabe, segue dando o tom no capitalismo contemporâneo, mesmo após a catástrofe a que levaram na crise de 2008.[117] Eis que isso nos exige, então, um esforço adicional de detalhamento na definição do que vem a ser, em suas múltiplas dimensões, esse tal neoliberalismo.

5.1.2 Mas o que é, afinal de contas, o neoliberalismo?

O traço mais básico do neoliberalismo, de acordo com Saad-Filho e Johntson,[118] é o uso sistemático do poder de Estado para instituir os imperativos (financeiros) de mercado, num processo doméstico que é replicado internacionalmente por meio da globalização. A globalização neoliberal, prosseguem, não configura simplesmente um processo de "desregulação econômica", e não promove a "iniciativa privada" em geral. Sob uma retórica de não-intervenção, o neoliberalismo mobiliza, em verdade, intervenções extensivas e invasivas em todas as dimensões da vida social.

---

116 Por exemplo, Brunhoff (BRUNHOFF, Suzanne de. *A hora do mercado*: crítica do liberalismo. São Paulo: Editora Unesp, 1991, pp. 15/16): "Para sair da crise, entretanto, é necessário não apenas que os lucros estimulem a investir, mas também que as mercadorias produzidas sejam vendidas".

117 Para análises que exploram com rigor essa correlação ver BELLUZZO, Luiz Gonzaga. *O capital e suas metamorfoses*. São Paulo: Editora Unesp, 2013, cap. 4; 2017, caps. II e III.

118 SAAD-FILHO, Alfredo; JOHNTSON, Deborah. "Introduction". *In*: ______. *Neoliberalism*: a Critical Reader. Londres: Pluto Press, 2005, p. 3.

De modo análogo, em Paulani,[119] o neoliberalismo aparece como um "corpo de regras que devem ser aplicadas" para "devolver o mercado ao lugar que lhe é de direito". Assim é que, nesse momento, "as condições materiais em que se desenvolve o capitalismo possibilitam que esse ideário se mostre, sem disfarce, como o discurso nu e cru do capital".

Para Duménil e Levy,[120] trata-se de um "novo estágio do capitalismo" que surge na esteira da crise estrutural dos anos 1970. "Expressa a estratégia das classes capitalistas em aliança com a alta administração, especificamente os gestores financeiros, com a intenção de fortalecer sua hegemonia e expandi-la globalmente" (tradução nossa).[121] Mas essa ordem neoliberal que, segundo os autores,[122] busca reafirmar a natureza "fundamentalmente capitalista" das sociedades,[123] não se conformou de modo inexorável, e sim como produto de uma ação política bastante objetiva:[124]

---

119 PAULANI, Leda Maria. *Modernidade e discurso econômico*. São Paulo: Boitempo, 2005, p. 129.

120 DÚMENIL, Gérard; LÉVY, Dominique. *Capital resurgent*: roots of the neoliberal revolution. Cambridge: Harvard University Press, 2004.

121 "It expresses the strategy of the capitalist classes in alliance with upper management, specifically financial managers, intending to strengthen their hegemony and to expand it globally" (DÚMENIL, Gérard; LÉVY, Dominique. *Capital resurgent*: roots of the neoliberal revolution. Cambridge: Harvard University Press, 2004, p. 1).

122 DÚMENIL, Gérard; LÉVY, Dominique. *Capital resurgent*: roots of the neoliberal revolution. Cambridge: Harvard University Press, 2004, p. 3.

123 "Por fim, o neoliberalismo é, de fato, o portador de um processo de comercialização geral das relações sociais, e esse é um de seus aspectos mais chocantes. Mas é a lógica da relação capitalista que estende e rege todo o processo, de acordo com suas regras" – tradução nossa do original: "Finally, neoliberalism is indeed the bearer of a process of general commercialization of social relationships, and that is one of its more shocking aspects. But it is the logic of the capitalist relationship that extends and governs the whole process, in accordance with its rules" (DÚMENIL, Gérard; LÉVY, Dominique. *Capital resurgent*: roots of the neoliberal revolution. Cambridge: Harvard University Press, 2004, p. 2).

124 "neoliberalism is the expression of the desire of a class of capitalist owners and the institutions in which their power is concentrated, which we collectively call

> neoliberalismo é a expressão do desejo de uma classe de proprietários capitalistas e das instituições nas quais seu poder está concentrado, que chamamos coletivamente de "finanças" para restaurar – no contexto de um declínio geral nas lutas populares – as receitas e o poder da classe, que diminuiu desde a Grande Depressão e a Segunda Guerra Mundial. Longe de ser inevitável, esta foi uma ação política. (tradução nossa).

Para Brunhoff[125] trata-se, igualmente, de uma "revanche de classe". Na mesma direção, tratando de uma "reação neoliberal" à "utopia keynesiana", Belluzzo[126] aponta que

> a força política das classes proprietárias e dominantes submeteu o Estado e o colocou como executor dos projetos de desregulamentação financeira, como fautor da flexibilização dos mercados de trabalho e garantidor dos movimentos de internacionalização da grande empresa.

Assim é que, conforme Harvey,[127] o neoliberalismo não torna irrelevante o Estado nem instituições particulares do Estado (pensemos, por exemplo, junto com o autor, nos tribunais e funções de polícia). O que ocorre, distintamente, é uma "radical reconfiguração das instituições e práticas do Estado".[128] "Por trás dessas

---

'finance' to restore – in the context of a general decline in popular struggles – the class's revenues and power, which had diminished since the Great Depression and World War II. Far from being inevitable, this was a political action" (DÚMENIL, Gérard; LÉVY, Dominique. *Capital resurgent*: roots of the neoliberal revolution. Cambridge: Harvard University Press, 2004, pp. 1/2).

125 BRUNHOFF, Suzanne de. *A hora do mercado*: crítica do liberalismo. São Paulo: Editora Unesp, 1991, p. 14.

126 BELLUZZO, Luiz Gonzaga. *O tempo de Keynes nos tempos do capitalismo*. São Paulo: Contracorrente, 2016, p. 103.

127 HARVEY, David. *O neoliberalismo*: história e implicações. São Paulo: Edições Loyola, 2008.

128 HARVEY, David. *O neoliberalismo*: história e implicações. São Paulo: Edições Loyola, 2008, p. 89.

grandes mudanças das políticas sociais estão importantes mudanças estruturais na natureza da governança"[129] – o autor recorda, para citar um exemplo, o advento das "parcerias público-privadas".

O que se busca, desse modo, é reforçar e integrar o processo de tomada de decisões do Estado à dinâmica da acumulação de capital e às redes de poder de classe. Desse modo (algo que, apenas a uma primeira vista, aparecerá como contraditório com a teoria neoliberal), o braço coercivo do Estado é fortalecido de modo a proteger interesses corporativos e reprimir o dissenso quando necessário.

Em teoria, ao Estado neoliberal cabe fortalecer o regime de Direito, especialmente os direitos individuais à propriedade privada, e as instituições que amparam o livre funcionamento dos mercados. Mas é patente que, na prática, ele não se restringe a isso. Podemos falar, assim, em uma captura ou diminuição da "autonomia relativa" característica do Estado capitalista; "autonomia relativa", essa, melhor seria dizer, que passa a ser instrumentalizada para outros fins que não a mediação entre as classes em favor da manutenção de condições gerais para a acumulação – a utilização desta autonomia para atender aos interesses específicos de uma fração de classe (vinculada à renda financeira), em detrimento, se preciso for, do crescimento econômico e da estabilidade política e social.[130]

Sob o neoliberalismo, então, os Estados devem estar envolvidos direta e ativamente na redução de barreiras ao movimento de mercadorias e capitais em suas fronteiras, bem como na abertura

---

129 HARVEY, David. *O neoliberalismo*: história e implicações. São Paulo: Edições Loyola, 2008, p. 86.

130 "Embora alguns Estados continuem a respeitar a tradicional independência do serviço público, esta condição tem estado em toda parte ameaçada no curso da neoliberalização. A fronteira entre o Estado e o poder corporativo tornou-se cada vez mais porosa. O que resta da democracia representativa é sufocado, quando não, como no caso dos Estados Unidos, totalmente, ainda que legalmente, corrompido pelo poder do dinheiro" (HARVEY, David. *O neoliberalismo*: história e implicações. São Paulo: Edições Loyola, 2008, p. 88).

dos mercados às trocas globais. Isso porque a competição internacional é prescrita como bem-vinda, já que promove a eficiência e a produtividade, reduz os preços e, dessa forma, doma as pressões inflacionárias. Portanto, a discussão a respeito da soberania do Estado tende a (e deve) estar presente, especialmente quando se trata de um país periférico, submetido aos ditames do mercado global.

Concernente à retórica que sustenta e justifica tais ações, a eficiência do mercado como o centro da regulação econômica figura como o sustentáculo das proposições neoliberais (e aqui, certamente, podemos ouvir o eco daquelas velhas ideias de Jean Baptiste Say e Leon Walras). Tudo se passa como se cada um, independentemente de seu lugar na divisão social do trabalho, se comportasse, e devesse se comportar, como um agente microeconômico, diretamente responsável por seus lucros e suas perdas frente aos preços (de equilíbrio) de mercado. A crise econômica, por seu turno, é concebida como um mero desequilíbrio passageiro, evento de origem externa ao mercado, cuja razão recai sobre aquilo que perturba seu processo contínuo de ajustamento natural.

É assim que, a despeito de suas importantes e nada desprezíveis novidades teóricas e práticas, o neoliberalismo resgata, em grande medida, aqueles "dogmas clássicos",[131] magistralmente descritos por Polanyi,[132] nos quais estava assentada, no campo das ideias, a "sociedade de mercado" existente nos países capitalistas, antes de 1914. Dogmas esses, lembremos, que haviam caído por terra entre as duas guerras mundiais, no bojo da "grande transformação" do sistema econômico ocidental – com destaque para o

---

131 "(...) o trabalho deveria encontrar seu preço no mercado, a criação do dinheiro deveria sujeitar-se a um mecanismo automático, os bens deveriam ser livres para fluir de país a país, sem empecilhos ou privilégios. Em resumo, um mercado de trabalho, o padrão-ouro e o livre comércio" (POLANYI, Karl. *A Grande Transformação*: as origens de nossa época. Rio de Janeiro: Campus, 2000, p. 166).

132 POLANYI, Karl. *A Grande Transformação*: as origens de nossa época. Rio de Janeiro: Campus, 2000.

desmoronamento do preceito da regulação do sistema econômico pelo "Grande Mercado" (Big Market).

Por isso é que, de acordo com Duménil e Lévy,[133] as regras cuja imposição definem o neoliberalismo, evitam referências diretas ao capital, sendo designadas como "regras de mercado" – mercado de trabalho, mercado de capitais e mercado de dinheiro:[134]

> Neste uso do termo "mercado", vários tipos de mecanismos estão em questão. O mercado de trabalho refere-se ao endurecimento das regras relativas a contratações, dispensas, salários e condições de trabalho. Esse mercado tem sido um dos alvos preferidos do neoliberalismo. O outro mercado, diretamente em jogo aqui, é o de capitais. O neoliberalismo mudou completamente as condições sob as quais os mercados de capitais funcionam. Há muitos aspectos para isso – a centralidade do mercado de ações e do capital em geral, a livre mobilidade internacional do capital, e assim por diante (tradução nossa).

Pensar de modo inter-relacionado as ideias, práticas e prescrições neoliberais nos ajuda a melhor compreender, então, o que aqui se pretende descrever por neoliberalismo.

---

133 DÚMENIL, Gérard; LÉVY, Dominique. *Capital resurgent*: roots of the neoliberal revolution. Cambridge: Harvard University Press, 2004, p. 2.

134 In this use of the term "market", various types of mechanisms are at issue. The labour market refers to the tightening up of rules concerning hiring, layoffs, wages, and labour conditions. This market has been a favorite target of neoliberalism. The other market, directly at stake here, is that of capital. Neoliberalism has indeed completely changed the conditions under which the capital markets function. There are many aspects to this – the centrality of the stock market and of capital in general, free international mobility of capital, and so on (DÚMENIL, Gérard; LÉVY, Dominique. *Capital resurgent*: roots of the neoliberal revolution. Cambridge: Harvard University Press, 2004, p. 2).

Um aspecto chave certamente está situado na busca ativa pela privatização de ativos, em suas mais variadas formas. Setores inteiros, antes geridos e/ou diretamente regulados pelo Estado, devem ser transferidos à iniciativa privada, sendo liberados de todo tipo de interferência. Se, como se disse, a livre modalidade de capitais entre setores, regiões e países é considerada crucial,[135] todas as barreiras a esse movimento têm de ser removidas, não raro (e contraditoriamente) a um alto custo – e por barreira leia-se desde tarifas, taxas e impostos até o planejamento e controle socioambientais, restrições de ordem cultural, ética etc.

Outro elemento central, refere-se à promoção ativa da concorrência como virtude social primordial; competição em todos os níveis, seja entre indivíduos, empresas, cidades, regiões, países etc.[136]

Assim é que regulação pelo mercado, privatização/mercantilização e promoção da concorrência em todas as esferas, de modo interligado e inesperável, somam-se para estruturar o neoliberalismo como aquela "revanche" de classe a partir da qual se desenha uma "nova etapa do capitalismo". Uma etapa que, naturalmente, é composta não apenas por novos processos econômicos, mas por dimensões sociopolíticas e ideológicas – algo ademais, válido, sabemos, para qualquer outra etapa do capitalismo.

---

135 "Afirma-se que a privatização e a desregulação combinadas com a competição eliminam os entraves burocráticos, aumentam a eficiência e a produtividade, melhoram a qualidade e reduzem os custos – tanto os custos diretos ao consumidor (graças a mercadorias e serviços mais baratos) como, indiretamente, mediante a redução da carga de impostos" (HARVEY, David. *O neoliberalismo*: história e implicações. São Paulo: Edições Loyola, 2008, p. 76).

136 "Analisada com mais profundidade, essa generalização da concorrência explicita uma nova etapa da reconcentração e recentralização dos blocos de capital, sob a égide e a disciplina do capital financeiro. A economia mundial atravessa um momento de intensificação da rivalidade intercapitalista (o que não exclui acordos e coalizões, mas os supõe) e, nesse clima, nenhum protagonista é capaz de garantir a posição conquistada" (BELLUZZO, Luiz Gonzaga. *O capital e suas metamorfoses*. São Paulo: Editora Unesp, 2013, pp. 28/29).

Isso posto, dentre os desdobramentos mais evidentes do neoliberalismo, lembra Harvey,[137]

> o controle do trabalho e a manutenção de um elevado grau de exploração do trabalho têm se constituído desde o começo num componente essencial da neoliberalização. A formação ou restauração do poder de classe ocorrem, como sempre, à custa dos trabalhadores.

Os assalariados, sabe-se, são considerados, no modelo keynesiano, como um aspecto fundamental da atividade macroeconômica: é seu consumo, somado às despesas públicas e aos investimentos privados, que sustenta a demanda (contra os riscos, sempre à espreita, de superprodução). Assim, longe de estarem restritos apenas a uma função assistencial, os auxílios aos desempregados e demais transferências, bem como as políticas de fortalecimento do poder de compra do salário (direto e indireto), têm uma evidente função macroeconômica. Em outra via, o próprio mercado de trabalho só pode funcionar como tal se contar com uma "intervenção" regulatória. Vejamos.

O dito "mercado de trabalho", no qual os assalariados são contratados pelos empregadores, busca refletir a demanda desses por força de trabalho e a oferta desta por aqueles. Ocorre que este mercado é perpassado por uma relação de poder (econômico e, assim, político) largamente desfavorável aos trabalhadores – dada sua dependência frente ao salário, para reproduzir a existência imediata e, desse modo, reconstituir sua força de trabalho. Portanto, neste "mercado", o risco assumido pelo capitalista não é da mesma natureza que a insegurança do emprego para o operário. Se o salário, de fato, é um preço de mercado, o é determinado pelo confronto entre agentes econômicos heterogêneos, que não estão

137 HARVEY, David. O *neoliberalismo*: história e implicações. São Paulo: Edições Loyola, 2008, p. 86.

em pé de igualdade. Por isso é que o mercado de trabalho não pode "funcionar" devidamente se não contar com a "intervenção" de instituições diversas, por meio da regulamentação estatal. As reformas estabelecidas como desdobramento da luta operária e da ação organizada dos sindicatos – limitação da jornada de trabalho, salário-mínimo, seguro-desemprego, previdência social – não acabam com o mercado de trabalho capitalista, tampouco levam à abolição da exploração, mas fazem conter sua brutalidade.

Ocorre que, em nome da "liberdade" do trabalhador atomizado, o neoliberalismo é hostil a qualquer forma de solidariedade social que imponha restrições diretas ou indiretas à acumulação do capital. Abandonado o objetivo estratégico do pleno emprego, pilar social e econômico do modo de regulação anterior, propaga-se a ideia de que há trabalhadores demais e excessivamente remunerados, efetivos excedentes na produção, sistemas de seguridade economicamente insustentáveis etc.

> Muito trabalho a preço baixo para uns, muito desemprego para outros. E lucro para o capital. Aquilo que assume a forma de mercados de trabalho em desequilíbrio, reflete uma regulação econômica favorável aos empresários e investidores. O exército de reserva analisado por Marx (como "superpopulação relativa") desempenha de novo um papel no ajustamento dos custos salariais, não apenas no tempo, quando a deflação sucede à expansão, mas também no espaço em que as empresas se deslocam. Essa mobilidade dos capitais permite exercer uma verdadeira chantagem sobre o financiamento, o emprego e o nível dos salários.[138]

Uma vasta literatura, em diferentes abordagens e disciplinas, tem demonstrado como os processos de desregulamentação,

---

138 BRUNHOFF, Suzanne de. *A hora do mercado*: crítica do liberalismo. São Paulo: Editora Unesp, 1991, pp. 14/15.

privatização e desnacionalização, caraterísticos do neoliberalismo, não podem ser lidos à parte das tendências de enfraquecimento e desmantelamento da classe operária organizada em sindicatos. Trata-se de algo que ocorre na chave de disputas direta e abertamente político-ideológicas (pensemos em fenômenos políticos como o "tatcherismo"), mas, também, em outra via, por meio de processos econômico-estruturais como a desindustrialização relativa de certos países, a deslocalização e internacionalização produtiva, a mecanização avançada dos processos de trabalho; fatores que, paulatinamente, levam à depreciação da força de trabalho. É em meio à essas pressões[139] que ocorrem a crise e o gradual desmonte do Estado de Bem-Estar.

Assim, o velho modelo, característico da socialdemocracia do pós-guerra, de negociação tripartite – entre sindicatos e empresários, mediadas pelo Estado – termina enfraquecido e deslegitimado, quando não completamente abandonado. Não há compromisso social legítimo, sob o novo quadro, que não passe pelo aumento imediato e linear de eficiência como produto inequívoco da intensificação da concorrência para e entre todos – Estados, sindicatos, empresas e, sobretudo, trabalhadores entre si.

Em face das mencionadas adversidades, e contabilizando seguidas derrotas, os sindicatos, em particular, e o movimento operário organizado, em geral, veem diminuir sua importância política e adesão social. Na defensiva, quando não domesticados, acabam desidratados de combatividade. O enfraquecimento real, sob efeito da crise, do desemprego e de ataques os mais diversos, afeta a própria noção de pertencimento subjetivo a uma "classe trabalhadora", processo intensificado, ademais, como se disse, pelas transformações

139 A esse respeito, Belluzzo oportunamente nos recorda que "a 'onda de inovações' na esfera das relações de trabalho foi acompanhada de uma agressiva campanha conservadora contra os direitos econômicos e sociais constituídos sob a égide do Estado de Bem-Estar". (BELLUZZO, Luiz Gonzaga. *O capital e suas metamorfoses*. São Paulo: Editora Unesp, 2013, p. 31).

estruturais ocorridas no processo produtivo (crescente fragmentação, deslocalização e flexibilização dos processos de trabalho).

A perda de combatividade dos trabalhadores somada ao avanço em penetração da ideologia de mercado altera substancialmente a paisagem política, enfraquecendo as agendas de partidos e movimentos de esquerda, igualmente transfigurados em busca de sobrevivência política no novo ambiente. Os programas e as soluções conservadoras não apenas ganham terreno institucional, como passam a ser transversalmente hegemônicos, configurando um novo "senso comum", uma nova cognição política frente a qual todos devem se reposicionar. Diante do desemprego, da precarização, da desigualdade crescente, da incerteza e imprevisibilidade da economia de mercado, identificada com o princípio da livre iniciativa empresarial, o punitivismo, o nacionalismo, a pretensa superioridade do modo de vida ocidental e, não raro, a xenofobia são chamados ao seu papel ideológico na construção de pertencimento e sentido coletivo para a vida social.

Antes de adentramos, na segunda parte, à discussão mais específica sobre o processo de financeirização das economias, faz-se necessário compreendermos, ainda, de que modo o neoliberalismo reconfigura, em particular, a ideia de política econômica, reinstaurando, assim, o papel do Estado frente ao dinheiro e a força de trabalho.

5.1.3 O fortalecimento do poder do dinheiro sob o neoliberalismo

Ao perseguir a história do preceito econômico da "austeridade", Blyth[140] reconstrói, desde o liberalismo clássico até o neoliberalismo, a trajetória de desenvolvimento de um *corpus* de

---

140 BLYTH, Mark. *Austeridade*: a história de uma ideia perigosa. São Paulo: Autonomia Literária, 2017, pp. 153-189.

pensamento em que aos governos não cabe muito mais do que proteger a propriedade privada e, no mais, não acumular dívida pública. Se é verdade que as variações de método, interpretação, sofisticação e prescrição prática no interior deste axioma são bastante significativas (conforme sabemos, por exemplo, pelas novidades teóricas trazidas pelo ordo e neoliberalismo), é certo que este *corpus* segue, em grande medida, sendo o pilar de sustentação, ao menos no nível mais abstrato, de qualquer receituário (neo) liberal em matéria de ação do Estado. Em poucas dimensões isso aparece de forma mais evidente quanto nos campos da política macroeconômica, em geral, e da política monetária, em particular.

Tomemos, aqui, como ponto de análise e crítica o "monetarismo" da Escola de Chicago, que tem nas ideias de Milton Friedman um de seus principais expoentes. Se a Escola Austríaca, sustentada nas formulações de Friedrich Hayek e Ludwig von Mises, é, sem dúvida, importante na escalada do neoliberalismo rumo à hegemonia política, ganhando especial notoriedade nos últimos dez anos do pós-crise (e obtendo, assim, forte influência entre os defensores das criptomoedas, conforme veremos), é certo que o monetarismo friedmaniano o supera em importância quanto ao quesito aplicação prática em ações de governo. O monetarismo da Escola de Chicago tornou-se nas últimas décadas a base do receituário oficial de política econômica do Estado neoliberal.[141]

Essa doutrina pode ser descrita, em grande medida, como uma sofisticada atualização moderna do velho *laissez-faire*: qualquer critério de distribuição deve estar ligado ao mercado como

141 "A despeito das diferenças analíticas e de métodos, Hayek e Friedman sustentavam que os 'anos gloriosos' estavam fadados inexoravelmente ao fracasso em sua insana tentativa de interferir nos movimentos 'naturais' dos mercados. As políticas monetárias acomodatícias, combinadas com pactos 'corporativistas' entre as classes sociais e grupos de interesses, levariam inevitavelmente ao baixo dinamismo e à inflação crônica e elevada" (BELLUZZO, Luiz Gonzaga. *O capital e suas metamorfoses*. São Paulo: Editora Unesp, 2013, p. 165).

regulador econômico fundamental. Concebido como economicamente "neutro", o Estado deve se limitar a fazer respeitar as regras do jogo, mantendo a ordem e a segurança do regime de propriedade, sustentáculo do livre funcionamento dos mercados.

Como, nessa abordagem, os mercados se autorregulam, a noçãode crise econômica não encontra muito significado. O que ocorre são desequilíbrios temporários, produzidos por eventos externos à economia (restrito ao campo do "factual" e esvaziado de suas possíveis determinações históricas); desequilíbrios que podem estar relacionados, ainda, à imperfeição das informações e aos prazos necessários à operação dos ajustamentos de mercado. Tampouco cabe distinguir grandes crises (que podem levar a modificações político-institucionais) de crises menores, que ocorrem no contexto de um sistema estável. Desse modo, as políticas econômicas só podem ser vistas como desnecessárias ou contraproducentes: quando passíveis de previsão pelos agentes, são imediatamente neutralizadas; quando imprevistas, têm impactos transitórios que, no entanto, atrapalham o funcionamento adequado do sistema de preços.

Daí que para os monetaristas a dinâmica de tais desequilíbrios, que tende a ser sempre a mesma, mudando apenas em termos de seus acontecimentos factuais concretos, pode ser descrita da seguinte forma: i) excesso de oferta de moeda levando à; ii) elevação dos preços, o que faz produzir; iii) deslocamentos temporários em relação ao equilíbrio de longo prazo dos mercados. Por isso, o equilíbrio das finanças públicas se torna uma verdadeira obsessão: ao se tornar uma fonte de pressão sobre a demanda global, diz-se, o *déficit* orçamentário tende a produzir inflação. Para piorar, a emissão de dívida pelo Estado "captura" recursos que, de outro modo, seriam mais bem alocados na/pela iniciativa privada.

O alerta quanto ao risco de desvio de recursos financeiros pelo Estado em detrimento dos investimentos privados ocupa lugar central na pregação neoliberal. Essa análise está ancorada na premissa segundo a qual o financiamento do investimento depende sempre de uma poupança prévia, cujo volume está já determinado (parte-se sempre da poupança para o investimento e não do caminho contrário). Assim, o efeito de captura (ou *crowding out*, conforme jargão) ocorre quando os tomadores de empréstimos privados são "expulsos" do acesso àqueles fundos (desde já dados, repita-se) por meio de emissão crescente de dívida pelo Estado, ou seja, quando o financiamento do *déficit* público por meio de empréstimo aos agentes privados absorve a poupança privada que deveria ser destinada aos empresários-investidores.

Assim é que, uma vez que o volume global de poupança disponível já está determinado, o nível do produto global real não pode aumentar por meio da despesa do Estado que, de forma duradoura, só produz inflação. Não havendo estímulo ou efeito possível duradouro sobre o crescimento do produto e do emprego por meio de despesa pública, resta a conclusão de que o *déficit* orçamentário só pode ser economicamente ineficaz e ineficiente.[142] Por isso (mas não apenas) é que Milton Friedman irá recomendar, por exemplo, a interdição do *déficit* orçamentário e a retirada do poder monetário do Estado, que deve ficar sujeito a uma regra fixa de emissão.

Como sugere a forma de emissão monetária, o que se quer é "neutralizar" e obter uma "autorregulação" da moeda, sendo essa "neutralização" a única política monetária de fato concebível.

---

142 Trata-se de uma crítica – duramente atacada por autores como Keynes e Kalecki – que desconhece dimensões elementares da natureza do crédito e da dinâmica do capital financeiro. A demanda de crédito das empresas depende do nível de lucro que elas esperam, e a taxa de mercado dos juros reflete as relações de força entre financistas e empresários. Ora, conforme nota Brunhoff (BRUNHOFF, Suzanne de. *A hora do mercado*: crítica do liberalismo. São Paulo: Editora Unesp, 1991, p. 178), o único efeito *crowding out* que aqui se produz "é interno ao próprio setor privado, como eliminação dos fracos pelos fortes ou expropriação do capital pelo capital". Para uma visão marxista alternativa, ver Brunhoff (BRUNHOFF, Suzanne de. *A hora do mercado*: crítica do liberalismo. São Paulo: Editora Unesp, 1991, cap. IV).

Sabe-se que, para toda a ortodoxia, a moeda não tem importância analítica frente aos fenômenos econômicos ditos "reais" (produção e emprego).[143] Este é também o caso deste "monetarismo sem moeda":[144] sendo a moeda "neutra" no longo prazo (ou seja, sem afetar a economia real de forma durável, e devendo também sê-la no curto prazo, para não distorcer os preços relativos e o funcionamento do mercado), a inflação (alta no nível geral de preços) é concebida como um fenômeno puramente monetário, uma desordem causada pela emissão monetária excessiva,[145] algo que perturba as antecipações e comportamentos dos agentes econômicos privados.

Se não há crise em meio a um mercado autorregulável, e os desequilíbrios são produzidos por ações externas (não há aqui, por extensão um reconhecimento dos desequilíbrios econômicos e financeiros privados), é a ação do Estado que está na origem do desequilíbrio monetário. Ora, como é neutra e exógena, toda a oferta de moeda pelo Estado, uma vez que não afeta a produção de forma duradoura, se expressa, então, em uma alta dos preços monetários.

Disso resulta, finalmente, algumas previsíveis recomendações. É necessário que a oferta de moeda esteja submetida a regras rígidas que assegurem sua adequação às necessidades dos mercados, ou

---

143 Conforme mostra Brunhoff, quando a moeda aparece é graças a uma teoria quantitativa cuja forma varia com a mudança das estruturas monetárias, mas cujo conteúdo permanece o mesmo. (BRUNHOFF, Suzanne de. *La oferta de moneda*: crítica de un concepto. Buenos Aires: Editorial Tiempo Contemporaneo, 1975).

144 BRUNHOFF, Suzanne de. *A hora do mercado*: crítica do liberalismo. São Paulo: Editora Unesp, 1991, p. 108.

145 A demanda monetária pode ser entendida como a quantidade de moeda solicitada pelos agentes privados para suas transações ou "encaixes". Assim, quanto ao monetarismo, "a introdução de uma demanda de moeda ou de 'encaixes reais', completa a concepção quantitativa, sem colocá-la em causa" (BRUNHOFF, Suzanne de. *A hora do mercado*: crítica do liberalismo. São Paulo: Editora Unesp, 1991, p. 107). Naturalmente, outros tipos de desordem podem ocorrer, analogamente, dizem os monetaristas, quando a quantidade emitida for insuficiente em relação à demanda.

seja, uma oferta de moeda regulada em função da taxa de crescimento da economia, ou mesmo por uma "regra de ouro" a que deve estar submetida a autoridade monetária; não gastar mais do que se arrecada (preceito igualmente válido para o orçamento de famílias e do Estado); e não importunar a ação da iniciativa privada com regulamentações "externas". Vê-se, assim, que, em nome do controle monetário, todas as intervenções do Estado (sempre causadoras de perturbações monetárias) são postas em causa. Uma vez que os mercados são eficientes, a especulação é estabilizadora e a falência pune os erros e más escolhas de investimento: não pode haver desequilíbrio monetário se o Estado respeitar as regras do mercado e não se meter onde não deve.

Mas a pedra de toque do monetarismo (e, por extensão, de todo o neoliberalismo) é a forma como concebe a relação salarial. Partindo do postulado de que a oferta cria sua própria demanda (Lei de Say) e que no mercado de trabalho há igualdade de condições entre assalariados e empregadores, ambos agentes econômicos privados, Milton Friedman apresenta a hipótese da existência de um "desemprego voluntário". Sendo, a um certo nível, "voluntário", o desemprego não seria mais considerado um problema. Baseado nas premissas acima relacionadas e na ideia de um desemprego natural, Friedman reforça sua recomendação da abolição de todos os "obstáculos" legais à flexibilidade da mão de obra, inclusive do salário mínimo. Fica evidente que a hipótese de uma taxa de desemprego natural representa um duro ataque político não apenas contra a ação do Estado, mas contra as reivindicações dos sindicatos.

Assim é que a chamada "inflação salarial" (uma alta elevada dos custos salariais) termina também compreendida como um produto indireto, ou subproduto, da emissão excessiva de moeda pelo Estado. Eis o mecanismo: i) a elevação da quantidade de dinheiro em circulação (ocasionada pelo Estado) atenta contra os equilíbrios "reais" de mercado; ii) podendo levar a uma alta "artificial" no emprego em relação à dita taxa "natural" de desemprego, o que pressiona o nível dos salários (e incentiva, diante dessa elevação, a alguns empregarem-se acima da taxa natural de desemprego); iii) assim, os empregadores são levados a aumentar os preços de vendas de seus produtos para manter a lucratividade; iv) assim, revelado o fato de que o salário real não aumentou frente ao salário nominal (deflacionado pela alta geral dos preços dos produtos), os trabalhadores deixam o mercado de trabalho, trazendo a todos de volta, assim, àquela taxa de desemprego de equilíbrio ou natural.

Para além, como já vimos, de um retumbante equívoco, tal formulação configura uma forma aberta de defesa da depreciação real do trabalho como fator de produção; um ataque direto e aberto de classe, em suma.[146] O que se busca efetivamente é impor a todos os agentes econômicos a disciplina de mercado; eis, portanto, a função política relegada a ascensão desta ideologia, no fim dos anos 1970. O aumento de sua influência a partir daquele momento não configura apenas cegueira intelectual ou cinismo político, mas expressa a necessidade de se restaurar a rentabilidade do capital em âmbito global.

Neste contexto, seria um equívoco, repita-se, falar de um desaparecimento da intervenção econômica do Estado. Em verdade, as antigas formas de intervenção não deixam de existir, mas são sobredeterminadas pelos novos objetivos econômicos e políticos. Tendo sido implodida a ideia anterior de política econômica, essa não desaparece, mas muda completamente de significação. A política econômica deve estar, agora, concentrada na política monetária, do tipo que se ancora em "regras" estritas. A estratégia de pleno emprego é substituída por uma estratégia da moeda: o respeito aos "equilíbrios" financeiros e monetários deve ser obtido a qualquer custo. Sob a nova coalizão, o Estado aparece, assim,

---

146 Muitos encaram o desemprego como um efeito colateral das medidas neoliberais de austeridade. Ocorre que, de certo o modo, para os neoliberais, o desemprego é o próprio objetivo. O desemprego desorganiza os trabalhadores, rebaixa salários e leva potencialmente a uma recuperação da "disciplina" no ambiente de trabalho.

como uma polícia da moeda e dos salários, que deve cuidar da disciplina orçamentária e manter sob controle os trabalhadores. Assim, conforme oportuno paralelo oferecido por Brunhoff:[147]

> Keynes queria um Estado forte, capaz de impor a todos o aumento das despesas públicas, e a manutenção do nível de vida dos assalariados, para acabar com a crise econômica atribuída à insuficiência de "demanda efetiva". Os novos ortodoxos, eles também, querem um *Estado forte*, capaz ele próprio de respeitar e fazer admitir uma ordem social baseada na liberdade de empresa, para que a regulação pelo mercado atue plenamente. A ligação entre crise e "desemprego involuntário", feita por Keynes, não existe nos "novos clássicos", para os quais nenhum desses termos tem qualquer significação. A economia da regulação pelo mercado, incluindo o postulado da "taxa natural" de desemprego, tem por função fazer aceitar a depreciação da mão de obra, confundida com uma mercadoria que depende da relação entre oferta e demanda, num mercado cuja extensão não é fixada: essa depende dos empregadores que, se tiverem meios para isso, podem fazer pressão sobre os salários americanos evocando os salários dos sul-coreanos.

Mas se a intervenção do Estado (aqui em outra roupagem) não chega a atentar contra a teoria e prática do neoliberalismo, é possível, caso se avance nesta análise, encontrarmos uma contradição fundamental: o discurso que prega a regulação pelo mercado aparece como flagrantemente incoerente diante das grandes crises (como a ocorrida em 2008), visto que, nesses casos, o mercado não consegue administrar sozinho a catástrofe sem uma intervenção vigorosa do Estado. A intervenção jurídica e política, como mecanismo de promoção do respeito às regras e da garantia da ordem, que sustenta o funcionamento do mercado, aceita pelas

---

147 BRUNHOFF, Suzanne de. *A hora do mercado*: crítica do liberalismo. São Paulo: Editora Unesp, 1991, p. 43.

ideias ordo e neoliberais, dá aqui um passo além, para, no campo estritamente econômico, e em uma situação limite, agora assim, contar com a intervenção econômica ativa e imprescindível de um agente externo, o "emprestador de última instância".

A intervenção direta do Estado no mercado, resgatando empresas quando essas enfrentam graves problemas, de modo a evitar grandes fracassos financeiros, não encontra muita aderência ao pensamento neoliberal. Ao contrário, o postulado da regulação pelo mercado determina que os investimentos realizados sem a devida prudência devem ser punidos com perdas econômicas e até eventual falência se necessário – uma "purga", o "sacrifício" pelos pecados cometidos. Ora, ao resgatar, por exemplo, grandes instituições financeiras (os grandes emprestadores), o Estado os protege das perdas – o que leva aos tomadores de recursos a pagar o prejuízo em seu lugar. Privatização dos ganhos, socialização (e a um alto custo social) das perdas. O "menos Estado, mais mercado" se transforma, da noite para o dia, em uma súplica por "mais Estado". A verdade do neoliberalismo revela-se, por meio da crise, no oposto do que anuncia seu discurso teórico.

> Talvez as práticas contemporâneas relativas ao capital financeiro e às instituições financeiras sejam as mais difíceis de conciliar com a ortodoxia neoliberal. Os Estados neoliberais tipicamente facilitam a difusão da influência das instituições financeiras por meio da desregulação, mas também é muito comum que garantam a todo o custo a integridade e a solvência de tais instituições. Esse compromisso deriva em parte (legitimamente em algumas versões da teoria neoliberal) de usarem o monetarismo como base da política estatal – a integridade e a solidez da moeda são um pilar central dessa política. Mas isso significa, paradoxalmente, que o Estado neoliberal não pode tolerar fracassos financeiros de grande monta mesmo quando foram as instituições financeiras que tomaram as más decisões. O Estado tem de entrar em ação e substituir a moeda "ruim" por sua moeda supostamente

> "boa" – o que explica a pressão sobre os bancos centrais para que mantenham a confiança na solidez da moeda do Estado.[148]

E, levando em conta as inúmeras experiências de crises de grande proporção vivenciadas desde a mais tenra idade do capitalismo, haveria de ser diferente?

Tudo somado, a fantasia da regulação geral da economia pelo mercado não resiste ao teste da realidade. Centrada na análise do comportamento dos agentes privados, que buscam "maximizar" seu ganho/utilidade, realizando-os através de transações no mercado, o pensamento ortodoxo é incapaz de conceber a ação das empresas como *lócus* de valorização de capital, um fim em si mesmo. Assim é que o papel econômico efetivo do mercado como espaço da circulação de capital termina confundido com uma eventual função de regulador geral da atividade econômica. Ao desconhecer as especificidades do trabalho e do dinheiro no capitalismo, a ortodoxia não pode apreender a crise como um aspecto interno à própria dinâmica da acumulação.[149]

---

148 HARVEY, David. *O neoliberalismo*: história e implicações. São Paulo: Edições Loyola, 2008, p. 93.

149 Conforme resume didaticamente Brunhoff, contra o monetarismo friedmaniano: "Moeda não redutível à sua função circulatória; *crise* circulatória e não *desequilíbrio* da oferta de moeda; então, a 'autorregulação da moeda' não pode ter o sentido que lhe dão os defensores da economia liberal. Não existe 'circulação perfeita' (derivada da *perfectcurrency* de que fala Ricardo) que imponha uma regra à emissão de moeda pelo Estado. Nem tampouco uma circulação imperfeita cujas desordens seriam geradas por choques externos. Incapaz de compreender a natureza e o papel da moeda, a Lei de Say, na realidade, repousa sobre uma ficção: a da oferta que cria sua própria demanda; ela reflete a imagem de uma economia de mercado que seria capaz de incorporar em si mesma todos os elementos constitutivos, no plano da circulação ou dos intercâmbios. (...) A ideia de uma ordem econômica repousando sobre a autorregulação dos mercados impede de pensar a crise como um aspecto do funcionamento da economia. Porque a economia não é apenas mercado" (BRUNHOFF, Suzanne de. *A hora do mercado*: crítica do liberalismo. São Paulo: Editora Unesp, 1991, pp. 53/54, grifos da autora).

Em resumo, devido à sua debilidade quanto à análise das estruturas do salário e da moeda, o pensamento neoliberal é incapaz de conceber teoricamente a crise econômica. Mas, apesar disso, segue hegemônico – uma hegemonia que é política (e ideológica), já que a defesa apaixonada da economia de mercado caminha *pari passu* com a promoção de uma depreciação real do trabalho, isto é, em ações diretas no campo da luta de classes.

***

Por quase cinco décadas, a forma neoliberal de capitalismo comanda as relações econômicas mundiais, rege as políticas públicas, transforma a sociedade, rearticula nossa subjetividade.[150] A globalização e expansão financeira, a conquista do poder político pelas forças neoliberais, o aumento das desigualdades e a polarização crescente entre ricos e pobres, a crescente atomização e individualização das relações sociais são todas dimensões complementares do processo de neoliberalização – um desenvolvimento articulado em torno da regulação pelo mercado, privatização/mercantilização e promoção da concorrência em todas as esferas.

O neoliberalismo não é produto tão somente de determinações estruturais rígidas e pré-estabelecidas (o puro desenrolar de uma "lógica do capital" autodeterminada), mas, tampouco é apenas um resultado político contingente, eventual, ocasional e não intencional. Configura-se, distintamente, como "sistema normativo", a partir do encontro entre ações e seus desdobramentos particulares, inseridos em um quadro de possibilidades delimitado por tendências estruturais mais amplas. É um processo vertebrado, de modo gradual e complexo, e a partir de diferentes esferas,

---

150 Para um estabelecimento ainda precário de marcos para a atualização da teoria dos Aparelhos Ideológicos de Estado (Althusser) e da Governamentalidade (Foucault) frente à realidade neoliberal do pós-crise de 2008, ver SILVA, Lucas Trindade da; PARANÁ, Edemilson; PIMENTA, Alexandre Marinho. "De aparelhos ideológicos de Estado ao nascimento da Biopolítica, e volta". *Revista de Ciências Sociais*, Fortaleza, vol. 51, nº 3, nov. 2020/fev. 2021.

estratos e dinâmicas de determinação que se combinam de modo a produzi-lo como resultado. Mais especificamente, o que ocorre, a partir das décadas de 1970 e de 1980, é o encontro particular entre um projeto político de classe com uma dinâmica endógena de regulação – mútua atração entre duas "lógicas" cujo resultado se consubstancia no neoliberalismo.[151]

Se as análises voltadas para o realce das rupturas ou da novidade teórica e sociopolítica materializada no neoliberalismo têm seu lugar, sabemos que é possível encontrar continuidades e semelhanças, no que tange, entre outros aspectos, ao papel conferido ao dinheiro, entre o monetarismo friedmaniano, tornado hegemônico em matéria de política fiscal e monetária, com o advento do neoliberalismo, e seus antecessores e sucessores no campo ortodoxo.

O neoliberalismo não nega a necessidade de ação estatal. Sua parcial retirada da economia, como suas demais ações, é estratégica do ponto de vista da acumulação. Não se trata, então, de diminuição do tamanho, importância ou ação do Estado, mas de uma drástica reconfiguração de seu papel.[152] E aqui, junto de Marx, Polanyi, dentre outros, trata-se de corroborar a análise de que o mercado moderno não atua e não pode existir sem o Estado, tendo sido, desde sempre, amparado por ele. Para Polanyi,[153] lembremos, a única maneira de

151 Dardot e Laval certamente estão corretos quando afirmam que, "apesar disso, não houve um projeto consciente de passagem do modelo fordista de regulação para outro modelo que teria primeiro de ser concebido intelectualmente para depois, numa segunda fase, ser posto em prática de forma planejada". (DARDOT, Pierre; LAVAL, Christian. *A nova razão do mundo*. São Paulo: Boitempo, 2016, p. 385).

152 "A primary ambition of the neoliberal project is to redefine the shape and functions of the state, not to destroy it". (MIROWSKI, Philip. *Never let a serious crisis go to waste*: how neoliberalism survived the financial meltdown. Nova York: Verso Books, 2014, p. 56).

153 POLANYI, Karl. *A Grande Transformação*: as origens de nossa época. Rio de Janeiro: Campus, 2000.

se realizar a "utopia" do mercado autorregulável era justamente através do apoio de um forte Estado intervencionista.

Mas eis que, sob o neoliberalismo, o Estado passa, ele mesmo, a ser regulado ao invés de regulador do mercado.[154] De capitalista ideal generalizado passa tendencialmente a capitalista particular (atuando em prol do setor financeiro). De relativamente autônomo frente ao processo de acumulação é levado a submeter-se a certos estratos de classe e frações de capital.[155] Um Estado que vê, assim, tem sua soberania ainda mais reduzida ao poder do "mercado" – algo que não ocorre apenas por meio de uma virada política, cabe repetir, mas, também, como expressão de transformações estruturais do capitalismo. Ao mesmo tempo que o ampara, tal disjuntiva fragiliza o neoliberalismo.

Assim, muito parece indicar que a forma neoliberal de capitalismo enfrenta uma crise estrutural. Os efeitos e desdobramentos desse estado de coisas nos próximos anos são imprevisíveis, ainda que aparentemente nada animadores a tomar pelas tendências que já se apontam. Em qualquer caso, não cabe decretarmos, por antecipação, seu fim, uma vez que, especialmente a partir da grande crise

---

154 Diferentemente de formas pregressas de liberalismo, "o Estado não é simplesmente o guardião vigilante desse quadro; ele próprio, em sua ação é submetido à norma da concorrência. (...) O Estado é obrigado a ver a si mesmo como uma empresa, tanto em seu funcionamento interno como em sua relação com os outros Estados. Assim, o Estado, ao qual compete construir o mercado, tem ao mesmo tempo de construir-se de acordo com as normas de mercado" (DARDOT, Pierre; LAVAL, Christian. *A nova razão do mundo*. São Paulo: Boitempo, 2016, p. 378).

155 Melhor será dizer da manutenção de sua autonomia, mas agora exercida não em favor de ganhos eventuais para os trabalhadores, maiorias sociais e minorias políticas, ou em favor da ativação de uma estratégia desenvolvimentista em aliança com setores produtivos, mas em prol de uma restrita elite de capitalistas financeiros (pensemos aqui no papel do sistema jurídico, do Banco Central e outras instituições em seu engajamento direto no processo de financeirização generalizada da economia).

de 2008, fica claro que "o neoliberalismo, apesar dos desastres que engendra, possui uma notável capacidade de autofortalecimento".[156]

Para espanto de muitos, a crise de 2008 não levou ao desaparecimento, sequer ao enfraquecimento do neoliberalismo e das políticas neoliberais. Ao contrário, em meio aos ilusionismos típicos da "doutrina de choque",[157] a crise apareceu para as classes dirigentes como uma oportunidade bem-vinda, conduzindo assim, ao seu fortalecimento. Pensemos aqui nas repetidas rodadas de austeridade[158] impostas aos Estados diretamente engajados no aprofundamento da lógica da concorrência nos mercados financeiros. Desse modo, as crises não parecem ser, para o neoliberalismo, uma ocasião para sua limitação, como vimos ocorrer no pós-guerra, "mas um meio de prosseguir cada vez com mais vigor sua trajetória de ilimitação. O capitalismo, com ele, não parece mais capaz de encontrar compensações, contrapartidas, compromissos".[159]

Para melhor captarmos essa contradição, cumpre avaliarmos a face complementar deste processo, esse "gêmeo" do neoliberalismo: a financeirização das economias e as transformações sociais a ela correlatadas.

---

156 DARDOT, Pierre; LAVAL, Christian. *A nova razão do mundo*. São Paulo: Boitempo, 2016, pp. 7/8.

157 KLEIN, Naomi. *The shock doutrine*: the rise of disaster capitalism. Nova York: Metropolitan Books, 2007.

158 BLYTH, Mark. *Austeridade*: a história de uma ideia perigosa. São Paulo: Autonomia Literária, 2017.

159 DARDOT, Pierre; LAVAL, Christian. *A nova razão do mundo*. São Paulo: Boitempo, 2016, p. 8.

5.2 Capitalismo financeirizado

Desde que os controles à reprodução e circulação do capital fictício[160] – estabelecidos a partir da década de 1930, como parte da resposta à crise estrutural do sistema capitalista ocorrida em 1929 – foram paulatinamente sendo derrubados a partir da década de 1970, um conjunto de mudanças estruturais na economia mundial vem se aprofundando e se consolidando como resultante deste processo.

A financeirização da economia,[161] objeto de análise dessa seção, resultado da liberação de tais entraves à reprodução e circulação

---

160 O conceito de capital fictício foi cunhado por Karl Marx para designar as formas de "capital bancário", designado também pelo autor como "capital monetário", em oposição ao "capital real", aplicado em atividades produtivas e comerciais. É representado por títulos de propriedade sobre a riqueza futura (ações de empresas, duplicatas comerciais e/ou títulos públicos). Marx inclui ainda nessa categoria os depósitos criados pelos bancos em suas atividades de empréstimo, na medida em que eles não equivalem às reservas reais de moeda nos bancos e sim a um múltiplo delas, que dependem, dessa forma, de uma crença fictícia quanto aos retornos futuros de tais empréstimos. Nas palavras do autor: "com o desenvolvimento do capital portador de juros e do sistema de crédito, todo capital parece duplicar e às vezes triplicar pelo modo diverso em que o mesmo capital ou simplesmente o mesmo título de dívida aparece, em diferentes mãos, sob diversas formas. A maior parte desse 'capital monetário' é puramente fictícia. Todos os depósitos, excetuado o fundo de reserva, são apenas créditos contra o banqueiro, mas nunca existem em depósito. À medida que servem para operações de compensação, funcionam como capital para os banqueiros, depois de estes os terem emprestado. Eles pagam entre si os direitos recíprocos sobre os depósitos não existentes mediante compensação mútua desses créditos... Assim como a mesma peça de dinheiro pode efetuar diferentes compras, conforme a velocidade de sua circulação, ela pode servir igualmente para realizar diferentes empréstimos, pois as compras fazem-na passar de uma mão para outra e o empréstimo é apenas uma transferência de uma mão para outra, que não é mediada por nenhuma compra". (MARX, Karl. *O Capital*, vol. III, tomo II. São Paulo: Nova Cultural, 1988, pp. 8/9).

161 Aqui entendido, primariamente com base nas formulações de François Chesnais, como um processo de reordenação lógica geral da acumulação de capital em prol da valorização financeira, ou seja, de submissão do processo produtivo como um todo aos objetivos e modos de funcionamento desta. Esta definição será melhor desenvolvida à frente. (CHESNAIS, François. *A*

do capital financeiro em escala mundial, encontra na globalização da produção, circulação e consumo de mercadorias, bens, serviços, pessoas e informações um terreno fértil para avançar, produzindo impactos nas mais diversas esferas da vida social.

Conforme afirmara Chesnais,[162] "a esfera financeira representa a ponta de lança do movimento de mundialização da economia". Se, em sua dimensão e lógica de funcionamento, a financeirização da economia, enquanto tal, ancorada na hegemonia da especulação – ou seja, no processo em que decisões de compra/venda de ativos comandadas pela expectativa de revenda/recompra com lucros em mercados secundários de ações, imóveis, moedas, créditos, *commodities* e vários outros ativos – é um fenômeno que se desenvolve com mais força a partir das décadas de 1970 e 1980 do século passado, o ganho de autonomia e influência do capital fictício sobre o conjunto das economias capitalistas data de muito antes. Na obra *O Capital*, produzida no século XIX, Karl Marx já apontava a contraposição entre "capital bancário" ou "capital monetário" em relação a um "capital real" que àquele passava a se submeter; e, em 1917, Lenin,[163] ecoando Hilferding,[164] apresentava sua tese sobre o imperialismo, descrevendo a função do capital financeiro em gerar lucros no colonialismo imperial.

---

mundialização do capital. São Paulo: Xamã, 1996; CHESNAIS, François. (Coord.). *A finança mundializada*: raízes socais e políticas, configuração, consequências. São Paulo: Boitempo, 2005; CHESNAIS, François. "The power of financial capital and its links with productive capital". *Conferência proferida no IIRE Economy Seminar*, Amsterdã, 14 fev. 2014. Disponível em: http://www.4edu.info/index.php/IIRE_Economy_Seminar_2014. Acessado em: 09.09.2022).

162 CHESNAIS, François. *A mundialização do capital*. São Paulo: Xamã, 1996, p. 11.

163 LENIN, Vladimir Ilitch. *O imperialismo*: etapa superior do capitalismo. Campinas: UNICAMP, 2011.

164 HILFERDING, Rudolf. *Finance capital*. Londres: Routledge Kegan Paul, [1910] 1981.

Tal processo de separação entre a economia “real” e a economia financeira, como expressão da autonomização do capital financeiro em relação ao capital real, assume, no entanto, contornos consideravelmente distintos ao longo das diferentes fases de desenvolvimento do sistema capitalista, desde o século XIX, para apresentar no último quarto do século XX características bastante particulares.

Tais mudanças econômicas, em consonância com um aumento em qualidade, volume e intensidade no intercâmbio e circulação de bens, serviços, pessoas e informações, aprofundado por meio de um intenso processo de desenvolvimento técnico-científico,[165] que ativa e é ativado por tais transformações econômicas, permite um sem-número de alterações, novas configurações e possibilidades

165 O avanço das Tecnologias da Informação e da Comunicação (TIC), por exemplo, ao atuar na superação das fronteiras espaço-tempo e demais constrangimentos técnicos à livre circulação e gestão do acúmulo de capitais em nível global, contribuiu e segue contribuindo (a partir de suas dimensões objetivas e subjetivas, materiais e ideológicas) para a intensificação deste processo de reconfiguração estrutural do regime de acumulação capitalista em nosso tempo. Longe de ser a causa ou o principal fator responsável, o desenvolvimento das novas TIC pode ser compreendido como o veículo de transmissão que objetiva, por meio de um amparo tecno-logístico, o aprofundamento e a ampliação da lógica de funcionamento do regime de acumulação financeirizado, tornando-a mais acelerada, premente e imperativa. O encurtamento dos fluxos espaço-tempo devido à digitalização da finança, por exemplo, diminui as barreiras objetivas à circulação de capital, possibilitando que mais negócios sejam realizados num período inimaginavelmente menor de tempo. Operando via internet ou redes próprias, com a ajuda de infraestrutura de ponta e computação de alta performance, capitais invadem e abandonam abruptamente mercados, regiões e países, arbitrando moedas, ações e títulos com base nas melhores oportunidades de ganho de curto prazo. Processos de especulação e arbitragem alcançam as grandezas de mili e micro-segundos, operados por sistemas automatizados de negociação que compram e vendem milhares de ativos literalmente no tempo de um piscar de olhos. Tais possibilidades, abertas com os avanços produzidos pela revolução informacional, ampliam possibilidades de ganhos financeiros antes inviáveis, facilitando o aumento do número de negócios e operações financeiras por meio de ganhos agregados de escala.

nas sociedades contemporâneas, influenciadas por novas dinâmicas políticas, institucionais, culturais e identitárias.

Assim é que não cabe olharmos para o processo de financeirização apenas como produto de uma dominância crescente do capital fictício em relação ao capital produtivo, mas, sobretudo, para as transformações do "capital como um todo", reestruturado em sentido amplo como capital portador de juros. Em consonância com essa interpretação, é fundamental, conforme argumenta Chesnais,[166] que compreendamos a finança não como uma parte irreal e, portanto, separada da economia real. A financeirização está intimamente relacionada com o processo de reestruturação produtiva – a qual poderíamos caracterizar como um processo de desenvolvimento orgânico de renovadas formas de exploração do capital sobre o trabalho.

Nesse contexto, a finança tem papel central na reordenação das relações capitalistas de controle e dominação e, portanto, de busca por aumento contínuo de lucratividade. Tal movimento está intimamente relacionado ao processo de oligopolização da economia mundial, com suas fusões e incorporações crescentes. Não há aqui uma mera oposição entre a indústria e finança, entre a produção e usura – como apontam algumas abordagens, mas sim uma reconfiguração sistêmica da própria produção como um todo.

Dessa forma, talvez a migração – cada vez mais concentrada – da produção do capital produtivo industrial para países com mão de obra barata (uma vez que hiperexplorada), não seja resultado apenas de uma financeirização *strictu sensu*, advinda de um "golpe" neoliberal da finança, mas, sim, parte integrante e inseparável desse processo de mudança estrutural da economia

---

166 CHESNAIS, François. "The power of financial capital and its links with productive capital". *Conferência proferida no IIRE Economy Seminar*, Amsterdã, 14 fev. 2014. Disponível em: http://www.4edu.info/index.php/IIRE_Economy_Seminar_2014. Acessado em: 09.09.2022.

capitalista.[167] É pertinente recordar novamente, como se disse, que processos de expansão financeira na economia capitalista tampouco são uma novidade histórica, ainda que a dimensão e qualidade como isso ocorre contemporaneamente nos demande um olhar mais cuidadoso.

Conforme aponta Marx[168] no capítulo IV do volume I d'*O Capital*, é da natureza constitutiva do capitalismo a constante busca pela "valorização do valor". Se os caminhos, modos e formas de realização de tal meta passam por processos de reconfiguração em nosso tempo, o fim dessa cadeia, no entanto, permanece sendo precisamente este. Como resultado de tal eixo de estruturação, o autômato do capital subverte as fronteiras e barreiras à sua valorização, entre elas, até mesmo, e sobretudo, as barreiras de tempo e espaço.[169] Dessa maneira, em sua forma avançada, e utilizando os instrumentos da finança digitalizada no século XXI, o capital comporta-se de modo a reforçar tendência apontada já no século XIX, qual seja:

---

167 Conforme argumenta Chesnais: "(...) that capital as a whole has no 'new frontier', nor any new fields or 'provinces' of accumulation (Rosa Luxemburg). Technological investments, with the partial exception of China, are highly focused on labour saving innovations and geared to surveillance and control. They cannot lift the world economy out of slow growth and very high global unemployment". (CHESNAIS, François. "The power of financial capital and its links with productive capital". *Conferência proferida no IIRE Economy Seminar*, Amsterdã, 14 fev. 2014. Disponível em: http://www.4edu.info/index.php/IIRE_Economy_Seminar_2014. Acessado em: 09.09.2022).

168 MARX, Karl. *O Capital*, vol. I. São Paulo: Boitempo, 2013.

169 "Assim, enquanto o capital, por um lado, tem de se empenhar para derrubar toda barreira local do intercâmbio, i.e., da troca, para conquistar toda a Terra como seu mercado, por outro, empenha-se para destruir o espaço por meio do tempo; i.e., para reduzir a um mínimo o tempo que custa o movimento de um local a outro. Quanto mais desenvolvido o capital, quanto mais distendido, portanto, o mercado em que circula, tanto mais ele se empenha simultaneamente para uma maior expansão espacial do mercado e para uma maior destruição do espaço pelo tempo". (MARX, Karl. *Grundrisse*: manuscritos econômicos 1857-1858: esboços da crítica da economia política. São Paulo: Boitempo, 2011, p. 445).

> Na medida em que se desenvolvem a produção e a acumulação capitalistas, desenvolvem-se também a concorrência e o crédito, as duas alavancas mais poderosas da centralização. Paralelamente, o progresso da acumulação aumenta o material centralizável, isto é, os capitais individuais, ao mesmo tempo que a ampliação da produção cria aqui a necessidade social, acolá os meios técnicos daqueles poderosos empreendimentos industriais cuja realização está vinculada a uma centralização prévia do capital. Hoje, portanto, a força de atração mútua dos capitais individuais e a tendência à centralização são mais fortes do que qualquer época anterior.[170]

Nessa via, a partir da realidade própria ao capitalismo industrial de sua época, Marx descreve no capítulo XXII do livro I d'O *Capital*, no bojo da teorização a respeito do processo de reprodução ampliada do capital, a tendência geral de concentração e centralização da economia capitalista em períodos de expansão e crise econômica, respectivamente. Trata-se de observar, assim, que desde esse ponto de vista teórico, independentemente se estamos a avaliar a riqueza financeira ou não, a expansão capitalista sempre tende à centralização e à concentração de capitais. Ao apontar a concorrência e o crédito como as "duas alavancas mais poderosas da centralização", Marx nos concede, ainda, um robusto ponto de partida na investigação da submissão do capital produtivo perante o capital fictício, na realidade presente – algo de especial importância no âmbito da reflexão proposta neste capítulo.

Este parece ser precisamente o caso da economia global contemporânea, em que os volumes crescentes negociados nos mercados financeiros, mesmo (e sobretudo) em tempos de crise, concentram-se nas mãos de poucos e grandes operadores, ancorados em poucas e grandes praças financeiras (ainda que interligadas por meio de conectividade global). Tal concentração desenha um

---

170 MARX, Karl. *O Capital*, vol. I. São Paulo: Boitempo, 2013, p. 702.

cenário excludente, aprofundando as desigualdades econômicas entre regiões, países, classes e indivíduos, ampliando com ela a tragédia social das crises econômicas. Dessa maneira, a riqueza, concentrada na esfera financeira, e gozando de ampla liberdade para os capitais, garantida institucional e tecnicamente, termina, por fim, ampliando as tendências de descolamento entre economia real e fictícia (ou, mais apropriadamente, de dominância desta em relação àquela), num quadro de produção crescente de instabilidade financeira e crise. Vejamos, em maior detalhamento, como isso se dá.

5.3 A mundialização da finança e a constituição do regime de acumulação com dominância da valorização financeira

Conforme amplamente debatido na literatura, Karl Marx, na obra *O Capital*, desenha uma robusta sistematização da dinâmica de funcionamento do modo de produção capitalista como produto da reprodução e acumulação crescente de capital. De acordo com suas formulações, as contradições fundamentais desse modo de produção ancoradas sobretudo nas relações de exploração do trabalho humano para a obtenção de excedentes, enseja recorrentes crises de superprodução, que compõem a natureza instável, porque conflituosa e contraditória, do capitalismo como forma de organização da vida econômica e social.

Se isso é verdadeiro, é certo também que a história provou que a cada crise, em maior ou menor grau, o capitalismo demonstra, conforme previra o próprio Marx, uma incrível capacidade de revolucionar-se e, assim, reconstruir-se, reinstaurando sua predominância enquanto tal a partir de processos de complexificação, que inauguram novas formas de exploração. Longe de configurar algum automatismo de inexorabilidade histórica, a orientar esse movimento estão disputas de ordem econômica, política e cultural, que configuram campo aberto de possibilidades no universo social, ainda que submetidas a uma tendência hegemônica de funcionamento estabelecida por meio dessa relação.

O capitalismo encontrou, desta forma, sobretudo através do Estado, mas, também, através do emprego de recursos ideológicos e culturais, formas de sobreviver às graves crises pelas quais passou no século XIX e XX. Para a Escola da Regulação Francesa ou Teoria da Regulação,[171] o sistema capitalista consegue sobreviver às crises sistêmicas, e, dessa maneira, seguir se reproduzindo, através da criação de um aparato regulatório, que, uma vez estabelecido, tende a agir de forma anticíclica, evitando-as ou amenizando-as. Tais aparatos regulatórios, ou regimes de acumulação, pressupõem determinadas configurações políticas e institucionais que "organizam" a atividade produtiva de modo a adequar a produção ao consumo, no intento de evitar crises de superprodução e outros problemas econômicos, como a inflação, por exemplo, mantendo de pé e em pleno funcionamento o modo de produção capitalista.

Tais regimes de acumulação são estabelecidos por meio de um conjunto de leis, normas, valores e costumes (modo de regulação) que articulam elementos ou formas estruturais de integração, a fim de produzir um contexto favorável à acumulação capitalista, tais como: forma de adesão ao sistema internacional, padrão monetário, forma de concorrência, forma de Estado e relações salariais/de trabalho. Da relação sistêmica entre o conjunto dessas formas estruturais, num dado regime de acumulação, resultará um certo modo de desenvolvimento da economia.

Desde a década de 1970 do século passado, mais acentuadamente a partir da década de 1980, um conjunto de mudanças vem buscando dar resposta à crise de superacumulação ou sobreacumulação de capital, produzida pelos anos de ouro do fordismo,

171 AGLIETTA, Michel. *A theory of capitalist regulation*: the US Experience. Londres: Verso, 1999; BOYER, Robert. *The regulationschool*: a criticalintroduction. Nova York: Columbia University Press, 1990.

no pós-guerra. Tais transformações, estabelecidas politicamente a partir das medidas neoliberais e expressas em diferentes dimensões da vida social (política, econômica, tecno-produtiva, cultural etc.) alcançaram magnitude a ponto de, para alguns autores, configurar um novo regime de acumulação, o "regime de acumulação com dominância da valorização financeira".[172]

Tal leitura, apresentada por François Chesnais, que sustenta uma das mais profícuas teorias contemporâneas sobre o processo de financeirização da economia mundial, a combinar contribuições marxistas, regulacionistas, pós-keneysianas e da sociologia econômica, aponta para o fato de que, na atual etapa do capitalismo, a valorização financeira não só é mais importante do que a valorização produtiva, mas impõe-se como lógica estruturante para todo o processo de acumulação e reprodução capitalista. Isso porque, sobreacumulado na esfera produtiva, e ao perceber, por isso, quedas recorrentes na taxa geral de lucro, tal capital buscará formas de livrar-se dos constrangimentos à acumulação, aventurando-se, com dimensão até então não observada, à valorização na esfera financeira, por meio de títulos, ações, papéis produzidos a partir de inovações financeiras e mesmo especulação com as moedas nacionais. Tal processo de liberação do capital em sentido amplo não acontece de modo automático ou sem resistências, mas a partir de importantes mudanças político-institucionais, conduzidas no centro e nas periferias do capitalismo, com sérias consequências para os que vivem do trabalho, algumas delas discutidas na primeira parte deste capítulo.

---

172 CHESNAIS, François. *A mundialização do capital*. São Paulo: Xamã, 1996; CHESNAIS, François (Coord.). *A mundialização financeira*: gênese, custos e riscos. São Paulo: Xamã, 1998; CHESNAIS, François. (Coord.). *A finança mundializada*: raízes socais e políticas, configuração, consequências. São Paulo: Boitempo, 2005; CHESNAIS, François. "A teoria do regime de acumulação financeirizado: conteúdo, alcance e interrogações". *Economia e Sociedade*, Campinas, vol. 11, nº 1, jan./jun. 2002.

Nesse processo, aquilo que Marx[173] denominou capital fictício – composto basicamente pela valorização de ações e títulos em mercados secundários – expande-se em quantidade e qualidade sem precedentes, buscando autonomizar-se, por meio de ativos próprios, cada vez mais, perante a economia real; alcançando, assim, importância crescente para a economia como um todo.[174]

No âmbito desse debate, Paulani[175] apresenta dados (gráfico 1) que demonstram o crescimento do estoque mundial de ativos financeiros (capital fictício) em relação à renda mundial real, a partir de 1980. Em 2008, ano da grande crise, o montante de riqueza fictícia (não incluído o enorme volume de derivativos) em ativos financeiros chega a quatro vezes o valor de toda a renda acumulada pela produção real da economia mundial.

---

173 MARX, Karl. *O Capital*, vol. III, tomo II. São Paulo: Nova Cultural, 1988.

174 MOLLO, Maria de Lourdes Rollemnberg. "Capital fictício, autonomia produção-circulação e carises: precedentes teóricos para o entendimento da crise atual". *Revista Economia*, Brasília, vol. 12, nº 3, set./dez. 2011.

175 PAULANI, Leda Maria. "A crise do regime de acumulação com dominância da valorização financeira e a situação do Brasil". *Estudos Avançados*, vol. 23, nº 66, 2009.

Gráfico 1 - Riqueza fictícia (estoque mundial de ativos financeiros) e renda real mundial (PNB) US$ trilhões

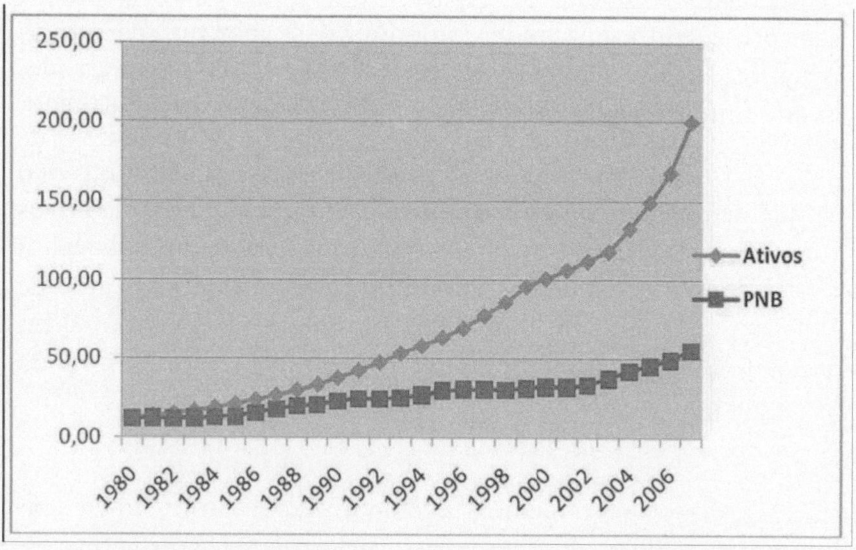

Fonte: McKinseys Global Institute (Ativos) e FMI (PNB); elaboração própria [de Leda Paulani].
Obs.: Para a construção do gráfico, os valores do estoque mundial de ativos financeiros correspondentes aos anos para os quais [não] há dados disponíveis foram estimados como crescendo a uma taxa constante.

É importante ressaltar que, na medida em que se apropria da renda gerada no setor produtivo, através da mera propriedade de ativos, a acumulação financeira é profundamente vinculada ao "rentismo".[176] Uma vez que obtém ganhos sem estar diretamente vinculada a atividades produtivas, ancorando-se na manutenção constante de liquidez, tal lógica coloca em xeque investimentos de longo prazo, em detrimento de ganhos de curto prazo, estimulando e ampliando processos de especulação em várias esferas, que acabam

176 Entendido aqui como a obtenção de rendas a partir da simples posse da propriedade dos fatores de produção (terra, capital) ou ativos e produtos financeiros, e não diretamente por meio da produção de mercadorias, bens ou serviços.

por produzir impactos na forma de reprodução e acumulação de capital como um todo. Nas palavras de Paulani:

> A invasão dessa lógica por todos os escaninhos da reprodução do capital é que é a responsável pela difusão das grandes transformações nos processos produtivos herdados da época fordista. As necessidades de costumeirizar a produção, de flexibilizar o trabalho, de encolher os estoques, de reduzir o número dos níveis gerenciais, de terceirizar serviços e etapas do processo produtivo, obedecem todas elas aos imperativos da lógica financeira: dividir os riscos da produção capitalista com os trabalhadores e com os consumidores, evitar que o capital fique empatado em ativos fixos e estoques de matérias primas e produtos, preservar e buscar a liquidez onde quer que ela esteja.[177]

Dessa forma, podemos relacionar a financeirização da economia ou, mais precisamente, a transformação da estrutura de acumulação capitalista, dominada agora pela valorização financeira, à intensa reestruturação produtiva pela qual passa o sistema capitalista, mais acentuadamente a partir da década de 1980 do século passado, com destaque para a robotização e a informatização dos processos produtivos.

Compartilhando o diagnóstico de que estaríamos vivendo os desdobramentos de uma crise de sobreacumulação de capital, Harvey[178] aponta que o capitalismo tem se voltado para processos típicos da fase de acumulação primitiva de capital como forma de livrar-se de seus constrangimentos estruturais. Para o autor, processos de acumulação primitiva, apesar de nunca terem deixado completamente a cena, intensificam-se em tempos de crise

---

177 PAULANI, Leda Maria. "Capitalismo financeiro e estado de emergência econômico no Brasil: abandonando a perspectiva do desenvolvimento". *X Jornadas de Economia Crítica*, Barcelona, 2006, p. 20.

178 HARVEY, David. *O novo imperialismo*. São Paulo: Loyola, 2005.

de sobreacumulação. Tais processos descritos originalmente por Marx como fundantes do capitalismo, intrinsecamente violentos, na medida em que expulsaram produtores de suas terras, pilharam territórios e colônias por meio de fraudes, roubo e guerras, servindo como base político-econômica de fundação do Estado moderno, ao mesmo tempo em que eram possibilitados graças ao seu surgimento e centralização, são caracterizados atualmente peloque o autor denomina "acumulação por espoliação".

Como expressões desse processo, capital e Estado, alinhados estruturalmente, abrem-se novas dimensões à acumulação, mediante de privatizações e ajustes fiscais, corte de direitos sociais e trabalhistas, crescimento da importância de títulos de dívida pública, especulação imobiliária e reconfiguração socioespacial das cidades para a valorização financeira. É o que Harvey[179] chama, em contraposição ao modo de acumulação "rígido" do fordismo, de "acumulação flexível", ou seja, um arranjo que aprofunda a superação das fronteiras espaço-tempo, bem como os constrangimentos legais, sociais, geoespaciais e econômicos para a acumulação de capital no tempo atual.

Assim é que, de acordo com Chesnais,[180] "o mundo contemporâneo apresenta uma configuração específica do capitalismo, na qual o capital portador de juros está localizado no centro das relações econômicas e sociais". Esse capital, "que busca 'fazer dinheiro' sem sair da esfera financeira, sob a forma de juros de empréstimos, de dividendos e outros pagamentos recebidos a título de posse de ações, e, enfim, de lucros nascidos de especulação bem sucedida,[181] só pôde adquirir a condição de dominância graças

179 HARVEY, David. *Condição pós-moderna*: uma pesquisa sobre as origens da mudança cultural. São Paulo: Edições Loyola, 2013.

180 CHESNAIS, François. (Coord.). *A finança mundializada*: raízes socais e políticas, configuração, consequências. São Paulo: Boitempo, 2005, p. 35.

181 CHESNAIS, François. (Coord.). *A finança mundializada*: raízes socais e políticas, configuração, consequências. São Paulo: Boitempo, 2005.

a um conjunto de políticas de liberalização, desregulamentação e flexibilização que ampliaram as liberdades para acumulação e circulação de capital em sentido amplo, sobretudo para o capital financeiro, em âmbito global.[182] Tal processo, relacionado ao movimento de rearranjo político iniciado a partir de meados da década de 1970 – o neoliberalismo, discutido em maior detalhe na seção anterior –, permitiu, dessa forma, a emergência de um "espaço financeiro mundial", que configurou, em consonância com outras políticas e medidas, um terreno fértil para o avanço da valorização financeira.

As raízes desse movimento estão assentadas, na visão de autores como os já mencionados – François Chesnais e David Harvey –, na crise de sobreacumulação de capital gestada no período anterior (os 30 anos de ouro do fordismo-keynesianismo do pós-guerra), que desenhou perspectivas de taxas de lucro decrescentes (ou, ao menos, não crescentes de modo substancial, como nos anos anteriores) nas economias capitalistas centrais. Como resposta a esse desdobramento, tais medidas foram, não sem resistência política, aplicadas em consonância com amplo processo de reestruturação produtiva, que reposicionou a operação e o funcionamento de grandes indústrias e suas cadeias produtivas, intensificou a exploração do trabalho e redesenhou padrões de consumo na conformação da mundialização financeira.

Dessa maneira, o fim do padrão ouro e de outras medidas do acordo de Bretton Woods, com subsequente desvalorização do dólar e adoção do câmbio flutuante são alguns dos elementos que

---

182 "Classsicamente, os autores distinguem três elementos constitutivos na implementação da mundialização financeira: a *desregulamentação* ou liberalização monetária e financeira, a *descompartimentalização* dos mercados financeiros nacionais e a *desintermediação*, a saber, abertura das operações de empréstimos, antes reservadas aos bancos, a todo tipo de investidor institucional". (CHESNAIS, François. (Coord.). *A finança mundializada*: raízes socais e políticas, configuração, consequências. São Paulo: Boitempo, 2005, p. 46, grifos no original).

marcam o início da derrocada do fordismo-keynesianismo como modelo de gestão das contradições sistêmicas do capitalismo. O excesso de produção e de estoques, em suma, de capacidade das empresas, acumulada durante os "anos dourados", levou-as, entre outras razões, a iniciar um processo de reestruturação produtiva, marcado, sobretudo, pela racionalização e intensificação do controle do trabalho. A crise de 1973, aprofundada pelo choque do petróleo, seria o fato decisivo para desencadear um conflituoso processo de ajustamento econômico, social e político nas décadas de 1970 e 1980.

Tal processo se expressa em várias dimensões. Para além da ampla liberalização das economias sob a batuta da predominância financeira, fator considerado chave, flexibiliza e desloca a produção industrial (especialmente com a migração de grandes fábricas europeias e estadunidenses para o sudeste asiático), amplia o desenvolvimento tecnológico para a economia de tempo, matéria-prima e trabalho no seio da produção (o que levará, junto de outros fatores, a um aprofundamento da concentração e monopolização na economia mundial), e redesenha, sobretudo a partir de sua homogeneização, padrões de consumo, agora crescentemente internacionalizados. Juntos, tais elementos configuram uma nova forma de gestão da acumulação capitalista no fim do século XX e início do século XXI. Sistematizados por Chesnais, como se disse, na construção do quadro definido como regime de acumulação com dominância da valorização financeira (em que uma configuração específica da propriedade privada capitalista, a propriedade patrimonial, entesourada modernamente pelas figuras simbólicas do proprietário-acionista e do acionista institucional possuidor de títulos de empresas, torna-se dominante), tais fatores são descritos por David Harvey como parte de um novo "regime de acumulação flexível", conforme se segue:

> A *acumulação flexível*, como vou chamá-la, é marcada por um confronto direto com a rigidez do fordismo. Ela se apoia na flexibilidade dos processos de trabalho, dos mercados de

> trabalho, dos produtos e padrões de consumo. Caracteriza-se pelo surgimento de setores de produção inteiramente novos, novas maneiras de fornecimento de serviços financeiros, novos mercados e, sobretudo, taxas altamente intensificadas de inovação comercial, tecnológica e organizacional.[183]

Dessa maneira, a flexibilidade envolve rápidas mudanças nos padrões de desenvolvimento desigual, crescimento do setor de serviços e o que Harvey define como "compressão do espaço-tempo". Igualmente parte desse movimento é o processo de reconfiguração do papel do Estado.

Isso porque o neoliberalismo empreendeu, como se viu, profundas mudanças nas dimensões econômica, fiscal e social dos Estados, dentre as quais podemos apontar o corte de gastos (sobretudo sociais), a redução de impostos sobre o capital e grandes riquezas, a flexibilização dos preços macroeconômicos (salário, juros e câmbio), além de, no âmbito institucional-legal, privatizações, flexibilização das legislações e relações trabalhistas e liberalizações dos mercados e fluxos de capitais. Adicionalmente, no âmbito político, essas medidas foram, como se comentou, parte de um processo amplo de enfraquecimento do poder sindical e das organizações de trabalhadores. A privatização dos sistemas de previdência que passaram ao controle de instituições financeiras e grandes fundos de pensão acabou por colocar aposentados e assalariados na ilusória condição de "investidores" e "acionistas", injetando uma quantidade brutal de recursos e liquidez nos mercados, de modo a estimular a valorização financeira.

O fim do fordismo-keynesianismo, que conferia ao Estado a atribuição de mediador entre capital e trabalho, a partir de mecanismos de regulação, fiscalização e controle em busca de garantir coesão social, retirou de suas mãos o poder redistributivo de impor

---

183 HARVEY, David. *Condição pós-moderna*: uma pesquisa sobre as origens da mudança cultural. São Paulo: Edições Loyola, 2013, p. 140.

limites ao capital privado e de realizar compensações sociais. Tal movimento é agravado por meio de sua crise fiscal e do enfraquecimento de suas instituições.

Assim, reestruturado, o Estado orienta-se cada vez mais para garantir a sustentação da valorização financeira. Ao mesmo tempo em que conserva sua capacidade de disciplinar o trabalho e impulsionar os fluxos de ativos nos mercados financeiros (por meio da emissão de dívida e outros mecanismos garantidos por sua função de arrecadador central de impostos na sociedade), privatiza vários setores e serviços, exime-se de muitas de suas atribuições sociais e, endividado, é esvaziado de seus instrumentos de intervenção macroeconômica como controle de fluxos de capital e câmbio, acabando, assim, mais vulnerável às crises fiscais e às pressões monetárias internacionais. Com grandes dificuldades para lidar com questões crescentemente internacionalizadas, e de regular o funcionamento dos mercados e fluxos globais de capitais, o Estado é colocado em uma situação ingrata: ao mesmo tempo em que deve regular o capital em busca de garantir a melhoria da qualidade de vida de suas populações, é levado, nos contextos nacional e internacional, a criar um ambiente atrativo para o capital financeiro internacional, crescentemente concentrado em poucas praças financeiras globais.

Em resumo, aponta-se para uma coincidência do neoliberalismo com a imposição da dominância financeira na configuração da mundialização financeira, que se intensifica especialmente nas últimas três décadas. Na medida em que ampliou as possibilidades de valorização do capital financeiro, a desregulamentação da atividade financeira e dos fluxos de capital foi determinante no processo de neoliberalização. Conforme aponta Harvey,[184] "a neoliberalização significou a 'financialização' de tudo. Isso aprofundou o domínio

184 HARVEY, David. *O neoliberalismo*: história e implicações. São Paulo: Edições Loyola, 2008, p. 41.

das finanças sobre todas as outras áreas da economia, assim como sobre o aparato de Estado e (...) a vida cotidiana".

A partir da mesma linha de raciocínio, essa "mudança de poder da produção para o mundo das finanças"[185] pode ser igualmente compreendida como resultado das pressões dos representantes do capital portador de juros sobre os governos, que, por sua vez, ao abraçarem a desregulamentação financeira como resposta para os efeitos negativos da mencionada crise de sobreacumulação acabaram por emponderá-los ainda mais. O processo que instaura esse giro financeiro no padrão de acumulação de capital está, desse modo, intimamente vinculado aos esforços do movimento neoliberal para diminuir o poder do trabalho e reorganizar as dinâmicas de poder no interior dos grupos economicamente dominantes.

Essa nova categoria de capitalistas rentistas, que são "proprietários situados em posição de exterioridade à produção e não como credores",[186] fortalece-se por meio do acúmulo de "propriedade patrimonial", que tem por finalidade primária, "nem o consumo, nem a criação de riquezas que aumentem a capacidade de produção, mas o 'rendimento'", em busca do "entesouramento estéril". Tal caracterização está intimamente vinculada, conforme admite Chesnais, ao que David Harvey define como "acumulação por espoliação" (ou expropriação).[187]

---

185 HARVEY, David. *O neoliberalismo*: história e implicações. São Paulo: Edições Loyola, 2008, p. 42.

186 CHESNAIS, François. (Coord.). *A finança mundializada*: raízes socais e políticas, configuração, consequências. São Paulo: Boitempo, 2005.

187 Nas palavras do autor: "O regime institucional da mundialização abriu, ao capital concentrado nas suas diferentes formas organizacionais, possibilidades crescentes de apropriação do valor e do sobreproduto, mas muitas vezes também de formas reativadas ou novas que David Harvey reagrupa sob o nome de acumulação por expropriação (*accumulation by dipossession*). Outras formas repousam sobre mecanismos tais como o novo regime da propriedade intelectual instituído no quadro da OMC". (CHESNAIS, François.

O conceito de "acumulação por espoliação", de David Harvey,[188] é, como se viu, definido pelos processos que se utilizam de mecanismos violentos para a apropriação direta de recursos ou imposição de novas condições para a reprodução ampliada de capital. Entre os exemplos desse tipo de acumulação, citados pelo autor, constam: a monetização do câmbio e a taxação, a usura, a dívida nacional e o uso do sistema de crédito, a exploração do solo e dos recursos naturais, e a especulação imobiliária. Apesar de poderem ser definidos como mecanismos paralelos à produção (de mercadorias com extração de mais-valia), são absolutamente imprescindíveis para a reprodução do capitalismo, principalmente em situações de sobreacumulação do capital. Dessa maneira, igualmente figuram como desdobramentos diretos da crise de sobreacumulação dos anos 1970; porque, ao abrir oportunidades vantajosas para novos investimentos, evitando desvalorizações por meio da centralização rápida de capital, a acumulação por espoliação torna-se elemento central na expansão das fronteiras para a valorização.

O autor define ainda quatro características principais deste tipo de acumulação: i) a privatização e mercantilização, visando à abertura de novas esferas para a acumulação do capital (quase sempre sob a liderança e gestão do mercado financeiro); ii) a própria financeirização, definida pela lógica especulativa do capital monetário, especialmente a partir de 1980, que, por meio da já discutida desregulamentação, fez do sistema financeiro um dos principais centros de realocação da riqueza mundial; iii) a exploração de crises, que se utiliza de bolhas especulativas e de manipulação da dívida pública dos países, para intensificar as transferências de riqueza dos países pobres para os ricos; e, por fim, iv) as próprias redistribuições comandadas pelo Estado, que, uma

(Coord.). *A finança mundializada*: raízes socais e políticas, configuração, consequências. São Paulo: Boitempo, 2005, p. 21).

188 HARVEY, David. *O neoliberalismo*:história e implicações. São Paulo: Edições Loyola, 2008.

vez reestruturado e submetido ao poder financeiro, torna-se um importante agente de políticas de (contra)transferência de riqueza. Fica evidente, dessa maneira, a relação íntima da acumulação por espoliação com a financeirização, em que esta que se converte em componente determinante daquela (e vice-versa). O que essas e outras estratégias do neoliberalismo possuem em comum, desse modo, é justamente sua condição espoliativa.

Quando se fala, pois, da conformação de um "capitalismo patrimonial"[189] não se quer com isso sugerir o fim da importância do processo produtivo de mercadorias, mas de sua submissão aos objetivos e modos de operação da esfera financeira por meio dos mecanismos mencionados. Assim, ainda que o capital financeiro não possa prescindir da valorização produtiva em última instância, esse novo arranjo – definido pela desregulamentação dos fluxos de capital em nível global – acaba por colocá-lo em primazia.

Essa enorme ascensão do setor financeiro pode ser compreendida, de acordo com Chesnais,[190] em três dimensões essenciais: i) a autonomização da esfera financeira em relação à esfera produtiva e ao controle das autoridades monetárias; ii) o caráter de fetiche dos "valores" criados pelos mercados financeiros (devido a sua condição altamente abstrata e fictícia, como é possível observar no surgimento de novos produtos e inovações financeiras); e iii) a ampliação do poder dos "operadores" financeiros de delimitar os contornos e rumos da economia, ao definirem quais agentes, países ou mesmo quais tipos de transações podem entrar ou não na mundialização financeira.

Tal reestruturação do poder da finança tem pelo menos dois resultados sistêmicos fundamentais: 1) a ampliação da centralização

---

189 CHESNAIS, François. (Coord.). *A finança mundializada*: raízes socais e políticas, configuração, consequências. São Paulo: Boitempo, 2005.

190 CHESNAIS, François. (Coord.). *A finança mundializada*: raízes socais e políticas, configuração, consequências. São Paulo: Boitempo, 2005.

e concentração do capital; e 2) o alojamento da lógica de operação da finança (exterioridade da produção) no seio dos grupos industriais.

No que se refere ao primeiro elemento, trata-se de uma tendência geral do processo de reprodução ampliada do capital, conforme dito antes, descrita por Marx no livro I d'O *Capital*, que aponta para a centralização e concentração de capital em momentos de expansão e crise, respectivamente. De modo simplificado, cumpre apontá-lo como um efeito da própria concorrência entre os capitalistas.[191] No contexto da mundialização financeira, esse processo, que ocorre nacional e internacionalmente, é intensificado por meio de fusões e aquisições (por meio da compra em massa de ações) dirigidas por investidores financeiros e seus conselhos.[192] A corrida tecnológica certamente joga um papel central nesse particular.

---

191 Conforme explicação em Marx: "A luta concorrencial é travada por meio do barateamento das mercadorias. O baixo preço das mercadorias depende, *caeterisparibus*, da produtividade do trabalho, mas esta, por sua vez, depende da escala da produção. Os capitais maiores derrotam, portanto, os menores. Recordemos, ademais, que com o desenvolvimento do modo de produção capitalista cresce o volume mínimo de capital individual requerido para conduzir um negócio sob condições normais. Os capitais menores buscam, por isso, as esferas da produção das quais a grande indústria se apoderou apenas esporádica ou incompletamente. A concorrência aflora ali na proporção direta da quantidade e na proporção inversa do tamanho dos capitais rivais. Ela termina sempre com a ruína de muitos capitalistas menores, cujos capitais em parte passam às mãos do vencedor, em parte se perdem" (MARX, Karl. O *Capital*, vol. I. São Paulo: Boitempo, 2013, p. 702).

192 Conforme oportunamente aponta Plihon: "Se eles não contribuem realmente para o financiamento das empresas, qual é então a utilidade econômica dos mercados financeiros e, em particular, de seus principais atores que são os fundos de pensão? Essencialmente é a de facilitar as reestruturações do capitalismo moderno por operações de crescimento externo, de tomadas de controle (OPA) e de fusões-aquisições. Comprando e vendendo suas participações, os fundos de pensão fazem circular o capital e aceleram a evolução rumo a uma nova configuração caracterizada pela tomada de controle do capital produtivo pelos investidores (fundos de pensão, fundos de investimento e seguros) e, simultaneamente, pela criação de uma classe de rentistas no próprio seio do assalariado". Disponível em: http://www.monde-diplomatique.fr/1999/02/PLIHON/2759. Acessado em: 16.10.2022.

A financeirização da produção industrial e da própria administração das indústrias, vinculada ao segundo aspecto, é um dos desdobramentos desse novo tipo de relação entre setor industrial e financeiro, não mais definida em termos de mera aliança sob o comando de um deles,[193] mas de uma verdadeira subsunção da indústria à finança, em que aquela se submete no que há de mais fundamental em sua cognição administrativa para atender às crescentes demandas desta: retornos vultosos e de curto prazo para seus acionistas. Com esse horizonte, as indústrias terminam por submeter as demais necessidades produtivas ao movimento que o valor de suas ações e dividendos representa nas bolsas de valores, bem como a sua capacidade de garantir retornos que possam abastecer a continuada necessidade de liquidez dos mercados.

Por meio de regras e padrões de "governança corporativa", conselhos de acionistas e seus representantes, que passam ao comando dessas companhias (os CEOs, que em sua maioria são, eles próprios, remunerados com ações da empresa – *stock options*), a finança aloja os fundamentos do capital portador de juros (que, por meio de sua "exterioridade" referente à produção, está voltado para a busca de crescente autonomia frente à produção) no seio da administração industrial, que, além de operar em dinâmicas curto-prazistas, passa ela própria a especular com ativos e papéis nos mercados, como forma de obter mais ganhos (especialmente em cenários de retornos minguantes na esfera produtiva). Assim, os grandes conglomerados industriais tornam-se parte das cadeias de valorização financeira, de modo a reforçar a tendência, anteriormente mencionada, de centralização.

Como resultado, há redução do montante referente aos salários na composição e repartição da renda, por meio de inúmeros mecanismos de intensificação da exploração do trabalho, já citados,

193 HILFERDING, Rudolf. *Finance capital*. Londres: Routledge Kegan Paul, [1910] 1981.

com consequente aumento nos níveis de desigualdade social e crescimento do endividamento das famílias. Dessa forma, enquanto avoluma-se o lucro concentrado na mão de cada vez menos grupos industriais-financeiros globais, que operam em poucas praças financeiras internacionais, observa-se um crescimento econômico real mundial lento[194]– em oposição às promessas neoliberais de reestabelecimento do crescimento econômico a partir da suposta injeção de dinamismo nas economias.

Na mesma direção, a vocação do capital portador de juros, para exigir da economia sempre mais do que ela é capaz de dar, consequência direta de sua relativa "exterioridade" à produção, amplia-se de modo relevante as tendências sistêmicas de produção de crises. É nesse sentido que Chesnais aponta, vinculado aos vários fatores descritos ao longo deste capítulo, para uma "fragilidade sistêmica", de modo a sugerir que nesse contexto as crises não são apenas cíclicas, mas ainda mais recorrentes e abruptas, por se desenrolarem em um quadro de instabilidade econômica crônica, em que as condições para a ocorrência de crises são inseparáveis dessa lógica de operação. Essa fragilidade sistêmica está vinculada, no mais, ao aumento de complexidade e opacidade funcionais, possibilitadas pelo desenvolvimento dos mercados liberalizados, e potencializada pela adoção de tecnologias avançadas de operação.

De modo mais simples, cumpre entender tais crises (com a força do exemplo avassalador da crise financeira de 2008) como resultantes da própria ampliação das liberdades para o capital fictício em sua trajetória de autonomização perante a economia real. Inicialmente ofertado em larga e crescente escala, o capital fictício precisa encontrar alguma correspondência objetiva capaz de alimentar sua ciranda de valorização. Circulando e reproduzindo-se em velocidade e dimensão muito maior do que a correspondente

---

194 Para dados e informações a respeito ver CHESNAIS, François. (Coord.). *A finança mundializada*: raízes socais e políticas, configuração, consequências. São Paulo: Boitempo, 2005, pp. 56-60.

capacidade produtiva (que, ao contrário, deprime-se como fruto da drenagem de capitais com consequente queda dos investimentos em produção; embora o mesmo ocorra quando a capacidade produtiva aumenta rapidamente sem consequente aumento na demanda ou no poder de consumo), o capital fictício leva à produção de "bolhas" financeiras. Uma vez que os juros ao capital fictício só podem ser pagos mediante a finalização do ciclo de valorização, ou seja, a venda/compra de mercadorias, sua não concretização leva ao estouro da bolha, evidenciando a crise por ela ocultada. Sem lucro, não há, pois, pagamento dos juros. Dessa forma, revela-se o caráter fictício desse capital.[195] Conforme sistematiza Mollo,[196] no contexto da discussão a respeito da crise de 2008:

> Embora inerente à lógica do capitalismo, o sistema de crédito se desenvolveu enormemente com o chamado neoliberalismo porque, de um lado, acirrou-se a concorrência entre capitais, força importante na definição das leis de movimento do capitalismo. Por outro, desregulamentou o sistema financeiro de forma generalizada, facilitando inovações financeiras que ampliaram em muito o caráter fictício do capital. Foi possível o desenvolvimento do capital fictício por muito tempo, como se a autonomia circulação-produção fosse sem

---

195 Isso porque "o desenvolvimento do capital fictício não pode ser ilimitado, porque sua valorização decorre de demandas sustentadas por rendas provenientes do processo produtivo (lucros e salários elevados lá gerados). Se o crescimento da produção se atrasa relativamente à valorização do capital fictício, faltará demanda para sustentar novas valorizações e novos ganhos, o que termina por conduzir seus proprietários a vender seus papéis, desencadeando a espiral deflacionária que explicita a crise. A crise consequente é, pois, a forma brutal de estabelecimento dos limites à autonomia da circulação relativamente à produção". (MOLLO, Maria de Lourdes Rollemberg. "Capital fictício, autonomia produção-circulação e arises: precedentes teóricos para o entendimento da crise atual". *Revista Economia*, Brasília, vol. 12, nº 3, set./dez. 2011, p. 19).

196 MOLLO, Maria de Lourdes Rollemberg. "Capital fictício, autonomia produção-circulação e arises: precedentes teóricos para o entendimento da crise atual". *Revista Economia*, Brasília, vol. 12, nº 3, set./dez. 2011, pp. 19/20.

> limites, em vista da abertura ao movimento de capitais e do ingresso capitais proveniente da privatizaçãodas previdências públicas. Essa massa enorme de recursos, aplicada em poucos mercados desenvolvidos e emergentes, significou enorme aumento de demanda e valorização vultosa dos títulos aí negociados. Mas ao longo do tempo a produção real foi se ressentindo de novos investimentos que cresciam em menor proporção, e a renda responsável pela demanda dos títulos foi caindo ou crescendo menos que antes. Inovações cada vez mais arriscadas, estímulos dados por legislação e fraudes sustentaram ainda mais o descolamento entre produção e circulação. Mas a crise chegou, mostrando, de forma brutal, que essa autonomia é sempre relativa ou limitada.

Assim é que podemos compreender, enfim, a relação entre o neoliberalismo e a financeirização, e a natureza da atual fase do capitalismo: marcada por uma flagrante fragilidade sistêmica e sua crise estrutural. Realidade essa que se revela com especial clareza a partir da grande crise de 2008, e, sobretudo, após mais uma "década perdida" de baixo crescimento e dinamismo econômico mundial, que se aprofunda de maneira trágica com a grande crise econômica de 2020/2021 relacionada, fundamentalmente, ainda que não apenas, à pandemia da Covid-19.

CAPÍTULO VI

A CRISE SOCIETAL

Neste capítulo, que complementa o anterior, iremos examinar o que consideramos as principais implicações e os desdobramentos dos processos relacionados às transformações recentes no modo de produção capitalista. De um lado, pretendemos ressaltar a relevância de aspectos não necessariamente econômicos na análise do contexto atual do capitalismo, e, de outro, evidenciar os vários setores sociais atingidos, bem como seus inúmeros imbricamentos.

Isto posto, no início de um de seus trabalhos, Habermas apresenta uma metáfora médica para falar do significado de crise. Segundo ele, da linguagem usual da medicina tomamos o termo "crise" em um significado pré-científico, e

> discutimos com ele a fase de um processo de doença em que é decidido se as forças de recuperação do corpo alcançarão a saúde. O processo crítico, a doença, aparece como algo objetivo. Uma doença infecciosa, por exemplo, é causada no corpo por influências externas; e o desvio do organismo de seu estado canônico normal de saúde pode ser observado e medido com parâmetros empíricos. Nenhum papel desempenha a consciência do paciente nisso; o que sente

> e como vive sua doença são, em todo caso, sintomas de um processo sobre o qual dificilmente pode influenciar.[197] (tradução nossa).

A preocupação do autor é com os aspectos objetivos, presentes em uma situação considerada como de crise; ao invés de meros sentimentos ou de necessidades subjetivas de um indivíduo. Certamente, uma coisa implica outra; contudo, faz-se mister sua distinção para análises consequentes. É o que iremos procurar fazer nessa parte do texto, ao nos preocuparmos, basicamente, com os fatos que indicam uma realidade limite, a lhe ameaçar a continuidade no tempo, mantidas as condições atuais. Isso será feito a partir de diagnósticos realizados por especialistas ou mediante as informações coligidas por nós. O eixo que norteará a discussão presente é a constatação do quanto os fatos a serem mencionados estariam a demandar novos e importantes processos de legitimação.

A esse respeito, são várias as situações que confluem para uma situação objetiva de crise do sistema – do capitalismo e da sociedade como um todo. Obviamente, os pontos a serem elencados podem ser bem distintos dos escolhidos para realizar a mesma tarefa, indicados por outros autores e especialistas. Contudo, diante das muitas turbulências verificadas, hoje, nas sociedades e no capitalismo, há, possivelmente, muito consenso quanto ao que cada um considera relevante.

---

197 Del lenguaje usual de la medicina hemos tomado el término "crisis" en su acepción precientífica. Mentamos con élla fase de un proceso de enfermedad en que se decide si las fuerzas de recuperación del organismo conseguirán la salud. El proceso crítico, la enfermedad, aparece como algo objetivo. Una enfermedad infecciosa, por ejemplo, es provocada en el organismo por influencias exteriores; y la desviación del organismo respecto de su estado canónico, normal, de salud, puede observarse y medirse con parámetros empíricos. Ningún papel juega en esto la conciencia del paciente; lo que este sienta y el modo como viva su enfermedad son, en todo caso, síntomas de un proceso sobre el cual apenas puede influir. (HABERMAS, Jürgen. *Problemas de legitimación en el capitalismo tardio*. Madrid: Cátedra, 1973, p. 19).

Um dos primeiros aspectos a comentar, e que impacta muitos outros acontecimentos, diz respeito ao que se pode entender como uma tensão crescente entre o capitalismo e a democracia, pelo menos sua forma liberal e a representativa, que passou a dominar nos últimos anos. Certamente, para muitos analistas, essa tensão esteve sempre presente, desde os primórdios do capitalismo, sobretudo nos últimos cem anos. Entretanto, vem ganhando em importância, em face aos recentes acontecimentos, emergências de movimentos sociais e à crise de 2008.

A história de tensionamentos entre o capitalismo e a democracia pode ser ilustrada na análise, segundo a qual

> Uma das razões pelas quais as elites do século XIX e do início do século XX tinham uma visão temerosa e pessimista da democracia era que não conseguiam ver como a prosperidade em massa poderia ser alcançada com rapidez suficiente para satisfazer as demandas de uma população literalmente faminta antes que a raiva daquela população desmantelasse os direitos de propriedade.[198] (tradução nossa).

Não obstante essa relação permanente de conflitos reais ou potenciais, nos últimos anos, essa tensão tem ganho contornos importantes de uma crise sistêmica, de acordo com Wolfgang Streeck. Para ele,

> as tensões e contradições presentes na configuração político-econômica capitalista favorecem, como resultado sempre possível, a falência estrutural e a crise social do sistema. A

---

198 One of the reasons why nineteenth- and early twentieth-century elites had taken a fearful and pessimistic view of democracy was that they could not see how mass prosperity could be achieved quickly enough to satisfy the demands of a literally hungry populace before the anger of that populace would have dismantled property rights. (CROUCH, Colin. *The Strange non-Death of Neoliberalism*. Cambridge: Polity Press, 2011, p. 10).

> estabilidade econômica e social sob o capitalismo moderno deve ser assegurada em um contexto de turbulência sistêmica produzida pela competição e expansão, que estão em difícil equilíbrio e sempre conhecem um resultado incerto.[199] (tradução nossa).

É importante assinalar as implicações desse tensionamento na própria busca de legitimidade por parte do Estado, a considerar tal busca como uma de suas funções principais na perspectiva marxista. Para comentar esse aspecto, o último autor citado, ressalta que:

> as políticas governamentais oscilavam entre dois pontos de equilíbrio, um deles político e outro econômico, que já eram impossíveis de alcançar simultaneamente: atender à necessidade de legitimidade democrática e paz social, tentando responder às expectativas dos cidadãos de prosperidade e estabilidade econômica. A seguridade social implicava correr o risco de prejudicar a lucratividade econômica, enquanto os esforços para restaurar o equilíbrio econômico tendiam a provocar insatisfação política e minar o apoio ao governo da época e à economia de mercado capitalista em geral.[200] (tradução nossa).

---

199 Las tensiones y contradicciones presentes en la configuración político-económica capitalista propician como un resultado siempre posible la quiebra estructural y la crisis social del sistema. La estabilidad económica y social bajo el capitalismo moderno debe asegurar se en un contexto de turbulencia sistémica producida por la competencia y la expansión, que se hallan en un difícil equilibrio y conocen un resultado siempre incierto. (STREECK, Wolfgang. *¿Cómo terminará el capitalismo?* ensayos sobre un sistema em decadencia. Madrid: Verso, 2016, p. 16).

200 Las políticas gubernamentales vacilaban entre dos puntos de equilibrio, uno de ellos político y el otro económico, que ya eran imposibles de alcanzar simultáneamente: atender a la necesidad de legitimidad democrática y paz social, tratando de responder a las expectativas ciudadanas de prosperidad económica y estabilidad social, suponía correr el riesgo de perjudicar la rentabilidad económica, mientras que los esfuerzos por restaurar el equilibrio económico tendían a provocar insatisfacción política y a socavar el apoyo al gobierno de turno y a la economía de mercado capitalista en general.

Pelo que Streeck tem chamado a atenção, há uma dificuldade, cada vez maior, de o Estado, que atuou durante boa parte deste século e do anterior como uma espécie de esteio ou árbitro aos olhos comuns – às demandas do cidadão comum –, em continuar a se manter nessa trilha sem inviabilizar importantes interesses, notadamente econômicos. Isso é destacado pelo mesmo autor, ao afirmar que, "como cidadãos comuns, embora por motivos opostos, as elites estão perdendo a fé nos governos democráticos e em sua capacidade de reestruturar a sociedade de acordo com os imperativos do mercado".[201]

Em outras palavras, a crise na relação entre capitalismo e democracia vem sendo considerada por analistas como algo a ser resolvido, sob o risco de inviabilizar o próprio sistema – tem aberto brechas importantes para novas formas de atuação do operador social (conforme definido no Capítulo II), a representar relevante questão para a problemática da legitimação. Ou seja, esse aspecto parece-nos inadiável, em termos de sua discussão e redefinição de novos critérios justificadores da legitimação (na linha do conceito de nível de justificação, proposto por Habermas), que tende a repercutir no próprio aparato jurídico (importante componente do operador social). Nesse sentido, com base nas formulações desse autor, não haveria como o sistema retroceder a critérios justificadores da legitimação ultrapassados ou vencidos pelas situações que levaram a mudá-los.[202]

(STREECK, Wolfgang. *¿Cómo terminará el capitalismo?* ensayos sobre um sistema en decadencia. Madrid: Verso, 2016, p. 32).

201 Como los ciudadanos corrientes, aunque por motivos opuestos, las elites están perdiendo la fe en los gobiernos democráticos y su idoneidad para reestructurar la sociedad de acuerdo con los imperativos del mercado. (STREECK, Wolfgang. *¿Cómo terminará el capitalismo?* ensayos sobre un sistema en decadencia. Madrid: Verso, 2016, p. 76).

202 Embora Habermas haja formulado o conceito de níveis de justificação, ao pensar em mudanças de grandes monta, no contexto societário e à luz de novas visões de mundo que passaram a vigorar, como as ocorridas em consequência do desenvolvimento imperial nas antigas civilizações, pretendemos

Ou seja, não é pouca coisa a considerar no momento. A depender do grau de mobilização e de organização do Estado, a exemplo da introdução, em cena, de novos movimentos sociais, as sociedades podem avançar mais ou menos nessa área, ao questionarem novas formas de entendimento e exercício da democracia. Para o Estado e muitos grupos hegemônicos do capitalismo, o véu se rasgou. O "sistema ficou nu". Não há como adiar ou "comprar o tempo". No entanto, o quanto e como isso se dará é uma questão em aberto. Porém, parece-nos claro: antigos e potenciais conflitos se tornam elementos relevantes da crise societal que estamos procurando descrever.

Diante dos acontecimentos que presenciamos, que incluem, hoje, fortemente, a lida com doenças endêmicas e o mundo biológico, temos a enfrentar dois grandes tipos de problemas intimamente relacionados: a necessidade de se buscarem novas formas de solução de assuntos importantes para o Estado e as demandas sociais – por exemplo, com os recursos trazidos pelo desenvolvimento científico-tecnológico –, o que se está chamando necessidade de integração sistêmica; e as pressões com vistas à integração social, como as mencionadas referentes à democracia e seu questionamento, e a tantos outros aspectos, muitos destes ligados aos novos padrões de comportamento, da formação de atitudes[203] e de construção identitária.

---

seguir essa noção, também, na análise de situações que demandem novas bases de legitimação, de certo modo, inéditas, e que venham a apontar, como na situação que vivenciamos, para o que se poderia dizer um novo "paradigma" organizacional e de funcionamento para o Estado, relativamente à forma tradicional com que têm sido exercido suas atividades e suas relações com a sociedade, a exemplo do ordenamento jurídico que sustenta o padrão vigente da democracia.

203 A noção de aprendizagem é bem específica. De acordo com Telsorj e Sawrey, "a aprendizagem é o processo que se deduz haver ocorrido quando a resposta de uma pessoa a determinado estímulo se modifica de maneira singular ou determinada, em decorrência da experiência". Essa noção também é muito cara aos evolucionistas, no enfoque econômico, como um elemento

Outro ponto muito importante na atual crise societária diz respeito à noção de anomia, formulada por Émile Durkheim. Para esse autor, a anomia refere-se à ausência de regulação social – situação na qual os indivíduos se veem "sem normas", ou com elas em condições precárias, em contextos de rápidas mudanças ou de instabilidade na sociedade. Essa noção liga-se à ideia de que, nesses contextos, verifica-se a perda de "pontos de referências fixos", quanto às normas e desejos, tais como ocorre em tempos de convulsões econômicas ou de conflitos pessoais; os quais podem perturbar o equilíbrio entre a realidade da vida das pessoas e os seus desejos.[204]

De acordo com Giddens,[205] e com base na obra de Durkheim,

> os processos de mudança no mundo moderno são de tal maneira rápidos e intensos que dão origem a problemas sociais importantes. Podem ter efeitos dissolventes sobre os estilos de vida tradicionais, a moral, as crenças religiosas e os padrões do quotidiano, sem, no entanto, fornecerem novos valores de forma evidente. Durkheim relacionou este

---

importante na explicação dos processos inovativos. (TELSORJ, Charles; SAREY, James. *Psicologia*: uma introdução dos princípios fundamentais do comportamento. São Paulo: Cultrix, 1971, p. 210).

204 GIDDENS, Anthony. *Sociologia*. Lisboa: Fundação Calouse Gulbenkian, 2001, p. 27. A **anomia** é um estado de falta de objetivos e regras e de perda de identidade, provocado pelas intensas transformações ocorrentes no mundo social moderno. A partir do surgimento do capitalismo e da tomada da razão como forma de explicar o mundo, há um brusco rompimento com valores tradicionais, fortemente ligados à concepção religiosa. A modernidade, com seus intensos processos de mudança, não fornece novos valores que preencham os anteriores demolidos, ocasionando uma espécie de vazio de significado no cotidiano de muitos indivíduos. Há um sentimento de se "estar à deriva", participando inconscientemente dos processos coletivos/sociais: perda quase total da atuação consciente e da identidade (NERY, Maria Clara Ramos. *Sociologia Contemporânea*. Curitiba: IESDE, 2007).

205 GIDDENS, Anthony. *Sociologia*. Lisboa: Fundação Calouse Gulbenkian, 2001, p. 10.

> contexto conturbado com a anomia, um sentimento de ausência de objetivos ou de desespero provocado pela vida social moderna. Os padrões e meios de controle tradicionais, fornecidos anteriormente pela religião, são destruídos, em larga medida, pelo desenvolvimento social moderno, o que deixa em muitos indivíduos das sociedades modernas um sentimento de ausência de sentido na sua vida cotidiana.

Esse aspecto é particularmente relevante, hoje, e vem a se somar, ou a elas se relacionar, as crises no âmbito econômico propriamente dito. Os fatos que estamos pretendendo mencionar é que a natureza do atual modo de produção e reprodução material – do capitalismo – leva a uma intensificação das mudanças operadas nos processos produtivos: com a atuação decisiva das novas tecnologias; maiores participações das mulheres no mercado de trabalho, sobretudo em razão da redução dos salários que eram pagos, e com alterações relevantes na composição e natureza das famílias; mudanças nos estilos de consumo, dada a introdução a um ritmo crescente de novos produtos e artefatos tecnológicos, como celulares, tablets, laptops e assim por diante, sem falar nos padrões de consumo referentes às roupas ("de marcas", de preferência, pois são sinais de distinção social); e no desgaste induzido ou provocado, decorrente da perda de laços de solidariedade, convívio e respeito à alteridade. Tudo isso, no conjunto, tem contribuído para o que se pode dizer um estado crescente de anomia, no contexto do que Habermas designou como mundo vivido, que acaba por interferir em vários processos e organizações do plano social, nas empresas e em demais organizações ligadas à prática econômica, e às práticas políticas, ideológicas, religiosas e artísticas, de modo geral, bem como no surgimento de movimentos sociais (muitas vezes autônomos e independentes, sem lideranças formais constituídas previamente, segundo um sentimento de que se está "cansado" de ser usado "pelos de sempre") e no reavivamento de antigos – todos estes componentes do operador social –, a condicionar a busca por novos padrões de aceitabilidade de antigas normas e de suas deliberações, a contar com uma reivindicada maior participação direta nos negócios e nos interesses públicos; em poucas palavras, em novas bases de legitimação.

Nesse contexto, há que se considerar o grande papel das chamadas redes sociais, apoiadas pelas novas tecnologias de informação e comunicação, como o WhatsApp, o Facebook, o Instagram, o Tik Tok e o Twitter, por exemplo, na construção de novas formas de identidade e de relacionamento entre os indivíduos. As redes sociais e as novas tecnologias, e seu papel desestruturador e estruturador de relações sociais, o que envolve a manipulação de comportamentos por parte dessas plataformas digitais, a perda de autonomia dos indivíduos e o surgimento de sociedades do hipercontrole, o anonimato *versus* o excesso de aprovações, registrados na competição por *likes*, e o papel dos algoritmos e da inteligência artificial.

Isso também é colocado em cena, hoje, ao mesmo tempo em que persistem padrões de comportamento e de atitudes que acabam por respaldar o *modus operandi* atual, a exemplo do consumismo, do valor atribuído e esperado à competição entre os indivíduos. Esse fato gera contradições relevantes entre o operador social e o mundo vivido, ao apresentarem sentimentos difusos de busca de novos padrões de regulação de comportamento, e de atitudes frente aos mesmos, de defesa de hábitos arraigados, de consumo e de distinção social, de garantia de empregos e de demais condições de reprodução da vida e de melhoria de sua qualidade, ao mesmo tempo em que se percebe um anseio grande por mudanças, mas, também, pela garantia da vida de antes.

Todo esse conjunto de sentimentos, que, de certo modo, procuram estabelecer ou reestabelecer processos autônomos de construção de identidades, é multiplicado e se verifica em inúmeros grupos e indivíduos, em seus convívios diários e em suas relações interpessoais. No meio disso tudo, fica sempre aquela pergunta, quase nunca enunciada, “afinal em que ou em quem acreditar”.

Sem que haja, necessariamente, alguém ou algo (por exemplo, um conjunto sólido de crenças e teorias, tenham estas de quaisquer origens) que possa responder satisfatoriamente a esse anseio difuso por uma "nova vida", algum líder ou algum "ponto fixo", para usar expressão mencionada anteriormente, capaz de conduzir o mundo e as pessoas, em suas sociedades, a uma nova realidade. Fica, então essa impressão de casa vazia, a ser ocupada por qualquer um que chegue ou mesmo um aventureiro. É o caso da emergência de grupos radicais, no espectro político, que se dividem sem saber ao certo por que ou para quem.

Certamente, esse estado de coisas tem interessado a grandes grupos econômicos, que, em meio a esse cenário de caos e divisão de pessoas e grupos sociais, tendem a se manter escondidos (como foi observado no capítulo que trata do Estado), alheios, preocupados que estão com seus ganhos materiais, a julgar pelos rendimentos obtidos no mercado financeiro. Também se destacam, nesse contexto, como beneficiários do sistema, alguns segmentos gerenciais desse mercado, segundo as análises de Gérard Dúmenil.[206]

Enfim, esse rápido comentário sobre o "clima" que acaba por condicionar todo o plano social contemporâneo, procura mostrar que a crise capitalista é apenas (se já não fosse o bastante) um elemento a considerar no atual estágio do desenvolvimento econômico e social e de formação de identidades. Mudanças importantes no interior da sociedade e no "mundo vivido" acontecem e tornam mais agudo o tema da legitimação, no contexto atual. Algo que não pode ser negligenciado nas análises economicistas. Ou seja, há, no momento, muito mais coisa em jogo. Nesse sentido, a pandemia do Coronavírus teria sido, de certo modo, um catalisador de antigas demandas, ainda não necessariamente conscientes, por parte dos indivíduos. O que mostra, igualmente, a necessidade de

---

206 Para uma análise mais aprofundada de diferentes grupos de gestores do capital financeiro, DÚMENIL, Gérard; LÉVY, Dominique. *The crisis of neoliberalism*. Cambridge: Harvard University Press, 2011.

se avançar para além de quadros tipicamente ou unicamente da alçada sociológica – o reducionismo sociológico, aqui, apontado. Há que se levar em conta também, em análises consequentes sobre nossa realidade atual, a importância de se buscarem visões mais integradas da mesma, como as que envolvem, muitas vezes, questões ambientais. Deixadas de fora, em inúmeras situações, ou consideradas meras "externalidades", tais questões plenas de significado e de impacto no dia a dia, podem mascarar temas de fundo relevantes que acabam por atingir a vida como um todo, para não falarmos apenas dos aspectos puramente econômicos.

Dentro da perspectiva adotada por Habermas, para abordar a problemática da legitimação, os fatos mencionados anteriormente tendem a aprofundar uma crise motivacional, na medida em que eles possam alterar de tal maneira o contexto das relações interpessoais, ou a modificarem o sistema sociocultural, que sua realização se torne disfuncional para o Estado e para o sistema do trabalho social. Ou seja, nessa linha de argumentação, tais fatos tendem a levar a situações que acabam por inviabilizar ou comprometer o esforço por parte do Estado e das organizações produtivas em se autocorrigir, a dificultar ou mesmo a impedir, de algum modo, a integração do próprio sistema. Assim, mesmo que alguns segmentos ou setores estejam se beneficiando com essa realidade anômica, o sistema, como um todo, poderá se inviabilizar ao longo do tempo. Em outras palavras, trata-se de uma questão ou de um conjunto de questões, cuja busca de solução deva interessar a todos.

Em todos esses eventos, a pedra de toque é a legitimação e a busca por novos padrões reguladores e de aceitabilidade de comportamentos. Não há como desvencilhar-se dos desafios trazidos pelo avanço do capitalismo e de suas crises recentes, sem, ao mesmo tempo, investir esforços na construção de novas bases de legitimação. A crise motivacional, apontada por Habermas, é apenas mais um aspecto a considerar, sobretudo no exame do que se verifica no "mundo vivido", apontado anteriormente. Há também necessidades de revisão de antigas formas de aceitabilidade e consentimento do poder, no âmbito das empresas e das organizações não governamentais, com repercussão no aparato jurídico. Enfim, a continuar como modo dominante de produção e reprodução material, o capitalismo precisa encontrar novas formas de relacionamento com o grande público e de atendimento de suas necessidades. A velha fórmula das elites, relacionada à manutenção de seus ganhos, no alijamento de populações inteiras, deve vir à tona com muito apelo, mediante os movimentos sociais e pressões para reorganizar a estrutura e o funcionamento das empresas, no que chamamos de prática econômica. E isso não é qualquer exercício de futurologia, mas mudanças apontadas como inadiáveis para muitos analistas, e percebidas assim, crescentemente, expressas nas práticas artística, científica, tecnológica, política e religiosa.

No esforço em buscarem novas maneiras de atuar na sociedade e atenderem a demandas sociais emergentes, dada, ainda, a limitação do Estado em responder a tempo e na quantidade requerida às mesmas, são consolidadas várias práticas religiosas, que vão do cristianismo ao islamismo. É certo que, em muitas situações, tais práticas se constituem como verdadeiras empresas e em ações políticas, nos mesmos termos que as tradicionais. O que é motivo para muitas críticas e restrições, dadas inúmeras vantagens comparativas. Porém, há muito mais em jogo que o mero atendimento do Estado a questões consideradas relevantes pelas pessoas, e, também em sua omissão (que aqui e ali se manifestam), em muitos casos. A busca de sentido para a vida e de novos padrões de identidade e de pertencimento social são, igualmente, parte relevante suprida, muitas vezes, por várias práticas religiosas. No final, além das repercussões na esfera política de atuação, também se verifica o acirramento de antigas tensões no interior da sociedade, em geral superadas por narrativas científicas contemporâneas. Daí a recorrência do chamado discurso negacionista, na medida em que reflete questões de fundo, ideológicas e políticas, bem como uma luta por verdades oriundas de versões fundamentalistas de certos círculos religiosos. Como se dará o desfecho desse embate, que tende a cindir as sociedades, é algo ainda aberto e sujeito a conflitos de toda ordem. Um destes diz respeito ao modo como essas práticas deverão se relacionar com o atual contexto capitalista e suas demandas emergentes; ou seja, como atores muito inseridos em determinadas práticas religiosas deverão se articular com pressões e demandas provenientes dos centros mais dinâmicos e turbulentos do capitalismo é algo a se verificar. De qualquer modo, o antigo quadro weberiano de superação do estágio dominado pelo pensamento mágico, em favor do cenário dominado pela expansão do agir instrumental e o científico-tecnológico, que se observa com o surgimento e estabelecimento da modernidade, encontra, dessa forma, novos espaços de atuação e de crescimento de um redivivo padrão dominado por visões mágicas – encontradas, por exemplo, em certos discursos chamados negacionistas.

Certamente, essa é uma discussão que diz respeito, principalmente, às grandes massas de indivíduos – normalmente subempregados, quando não desempregados, que vivem em famílias muito precarizadas, em termos de condições de vida e moradia, alienadas de grandes discussões nacionais ou afetas aos principais interesses econômicos e políticos. Distintamente, suas elites (em geral empresariais) têm sido muito beneficiadas com esse estado de coisas e com o sentimento velado de submissão consentida; algo que, igualmente, não está alheio ao grande tema da legitimação nos dias de hoje – o que abriga grande potencial de conflito entre, por exemplo, as elites dominantes de muitas práticas religiosas e as enormes massas de fiéis e seguidores de tais elites.

Esses acontecimentos dão um pouco o horizonte da alienação social e política que corre, par e passo, com os segmentos mais favorecidos pelo sistema econômico, sobretudo pelo mercado financeiro; realidade que, de certo modo, acomoda os ganhos cada vez maiores de uma elite, ao mesmo tempo que os multiplica, mediante uma série de estratégias de manipulação de comportamento – como as praticadas por grandes redes de comunicação e por certas plataformas digitais. Fato, este, que, como se disse anteriormente, apenas tende a "comprar" mais tempo (de modo infrutífero) para a busca de soluções efetivas ao sistema. O que, também mencionado, é percebido como relevante por certos setores e elites do sistema. Quem vencerá diante desses cenários é motivo ainda de muitas especulações, e, quiçá, por saídas, com o mínimo de perdas possíveis.

Diante disso, uma das muitas dificuldades encontradas é a em se formular previsões ou prognósticos minimamente sustentáveis. De um lado, boa parte de especialistas concorda com a existência de dilemas e impasses estruturais para a continuidade da forma atual da sociedade e do capitalismo; de outro lado, constata-se a grande falta de consenso quanto ao que precisa ser feito hoje. Os problemas e eventuais soluções circundam a problemática da legitimação e os colocam, conscientemente ou não, no centro de muitas discussões. Por onde começar? Como desatar esses nós? Que pauta, se existe alguma, deve existir para reunir importantes diferenças históricas entre grupos, os mais diferentes? Todas essas são questões que fazem parte de muitos círculos, mormente de pensadores e intelectuais ligados não apenas à necessidade de compreensão de realidade extremamente complexa, mas, também, devotados a construírem uma nova utopia de sociedade, capaz de dar respaldo a antigas teses iluministas, que procura combinar razão com liberdade.

No momento, vivemos o que se pode chamar um quadro distópico, como os descritos no livro *1984*, de George Orwell; *A Máquina do Tempo*, de H.G. Wells; *Nós*, de Yevgeny Zamyatin; e o *Admirável Mundo Novo*, de Aldous Huxley, dentre outros.[207]

---

207 De acordo com o site https://www.pensador.com/livros_de_distopia/: "A distopia é um **gênero literário que se configurou como a antítese do sonho de vida utópico,** imaginado por grandes poetas e escritores de outrora. Governos repressivos e totalitários, que moldam uma sociedade com valores morais desvirtuados e bastante assustadores, costumam fazer parte do pano de fundo das obras distópicas, que revelam um futuro pessimista para a humanidade". Essa mesma página da internet apresenta alguns resumos das obras citadas anteriormente:

1984 é [considerado pelo site] um dos livros mais importantes do século XX. Mesmo sendo escrito há várias décadas, não deixa de permear vários assuntos atuais vividos pela sociedade contemporânea. Orwell criou um mundo que está centrado na figura assustadora do "Big Brother", um autocrata onipresente que lidera o regime político totalitário e repressivo que impera ao longo da história – *O Partido*. É difícil não ficar chocado com a "Novilíngua" e a "Teoria das Guerras", que são conceitos apresentados pelo autor e usados pelo Partido para controlar a população que vive sob o domínio do "Grande Irmão". Esta obra é considerada uma dura crítica ao comunismo e ao fascismo, em especial à Joseph Stalin, líder da extinta União Soviética (...).

A Máquina do Tempo é considerado o primeiro romance que aborda viagens no tempo através de uma máquina criada unicamente com este propósito. Esta história foi mentalizada por um dos maiores escritores de ficção-científica de todos os tempos. Na obra de Wells, um homem desenvolveu uma máquina capaz de viajar para o futuro, chegando até o inimaginável ano de 802.601. Nessa época, o "Viajante do Tempo" se depara com civilizações remanescentes dos seres humanos, e que vivem uma realidade nenhum pouco otimista.

Nós[é] considerado o livro que provavelmente inspirou Orwell a criar *1984*. *Nós* é uma sátira futurista ao Estado totalitário, tendo como base os eventos presenciados pelo autor desta obra, Evgueny Zamiatin, durante as revoluções russas de 1905 e 1917. A obra de Zamyatin descreve uma sociedade totalmente controladora e totalitária, que acredita ser o livre-arbítrio o responsável por provocar a infelicidade na vida das pessoas. Assim, todo o comportamento dos indivíduos passa a ser monitorado e controlado pelo Estado, representado pela figura do "Benfeitor". Devido à censura imposta na União Soviética, na década de 1920, *Nós* foi publicado pela primeira vez nos Estados Unidos, em inglês. O livro somente conseguiu ser comercializado livremente na Rússia em 1988.

No *Admirável Mundo Novo*, outro clássico da literatura, o mundo imaginado por Aldous Huxley, é baseado num futuro em que os seres humanos são gerados em laboratórios e condicionados a seguir as normas sociais pré-estabelecidas pelo Estado. As pessoas são classificadas por castas, de acordo com as características biológicas definidas desde o seu nascimento. Conceitos "antiquados" como "pai", "mãe" ou "família" são considerados repugnantes. Aliás, qualquer coisa que desestabilizasse o indivíduo de suas obrigações de trabalhar e produzir devia ser punida. O amor, por exemplo, não era um sentimento conhecido por esta civilização, assim como qualquer outro tipo de compromisso amoroso. "*Cada um pertence a todos*" é o lema da sociedade em *Admirável Mundo Novo*, que não deixa de ser uma grande crítica ao extremismo do coletivismo (...)".

Para informações sobre outros romances distópicos, veja o *site* indicado no início desta nota.

Seria o caso em que a realidade e a ficção se confundiriam? Muitos de nós já se fizeram ou estão fazendo essas perguntas, principalmente após a implementação de inúmeras formas de controle e de vigilância dos indivíduos. E, ainda, o que precisamos fazer (ou não) para evitarmos certos quadros sombrios que estão presentes em vários desses romances? Enfim, como pensar uma humanidade livre, autônoma e criativa, em mundos tão difíceis de serem lidados? Ficam as perguntas.

São muitas as incertezas, sobretudo em razão da crescente velocidade das transformações e do tempo em processar cada novidade, e em formar atitudes consideradas adequadas perante as mesmas. Isso atinge especialmente os mais jovens, expostos mais rapidamente a essa onda de novidades. O que ressalta o papel da educação e da formação de novos perfis profissionais e regras de conduta para lidar com as mudanças. Também têm parte relevante nesse processo formativo a grande mídia e os tradicionais veículos de informação; agora, e cada vez mais, pressionados a lidar com um mundo em grandes transformações. Tarefa que não é para poucos, mas que requer um compromisso de todos os preocupados com os destinos das sociedades.

O crescimento da China como potência mundial, a perda relativa do império norte-americano e a multiplicação de blocos geopolíticos são, atualmente, um caldo de turbulências, a aumentar, ainda mais, a insegurança dos indivíduos e grupos sociais, que buscam por manter ou mesmo ampliar suas esferas de influência. O quanto isso poderá repercutir em cada país, dependerá do grau de mobilização interna e da solidez de seus fundamentos econômicos, contrapostos às demandas sociais por serviços inéditos. O fato é que, em uma situação ou em outra – de maior domínio ou de submissão crescente –, muitas nações poderão vislumbrar, em termos internacionais, novas oportunidades, ou, eventualmente, dificuldades, para lidar com a realidade que se apresente. Isso é percebido nos fóruns internacionais, nas reuniões dos principais países, em termos econômicos, e em suas pautas, em favor, por exemplo, da diminuição das desigualdades e da pobreza mundo afora. O êxito a ser obtido nessas empreitadas está condicionado aos acertos internos alcançados em cada sociedade. Algo que ainda não está necessariamente no horizonte da busca pelas soluções de cada um, a julgar pelo elevado grau de incertezas e pelas questões mais prementes a demandar respostas, como as que estão na esfera da problemática da legitimação.

Enfim, tendo-se em conta, principalmente, as situações colocadas a cada país pela pandemia, que obrigou os indivíduos a reverem uma série de comportamentos e hábitos arraigados, entre estes, o chamado consumismo desenfreado, e a importância de se voltar para aquilo que é considerado fundamental na vida em sociedade, como a solidariedade, o respeito à alteridade, o aumento dos esforços na construção de novos padrões democráticos e de decisões mais compartilhadas, bem como o maior tempo para uma reflexão pessoal, muita coisa poderá advir no contexto que se avizinha. Uma destas diz respeito à possível redução do individualismo exacerbado, ao olhar mais atento aos temas ambientais e à importância de uma vida mais compartilhada. Algo que se choca, claramente, com as alegorias e distopias de importantes romances escritos desde o século passado. Ou seja, são importantes dificuldades inéditas que se colocam, ao lado de muitas possibilidades de superação.

PARTE III

O FUTURO

Esta última parte do trabalho procura apresentar o que nos parece um cenário possível para a situação atual do capitalismo, com base nas informações trazidas e à luz do que parece ser a movimentação dos atores no jogo político. Não se trata, como se mencionou anteriormente, de qualquer exercício de futurologia, quanto ao que estes autores gostariam que fosse a realidade futura. Trata-se de um quadro de prognósticos possíveis, considerando-se a história presente e a de curto e de médio prazo. Isso não quer dizer que tal quadro seja neutro, tampouco alheio a qualquer possível utopia que se delineie agora. Neste momento, isso ainda tende a ser elaborado em qualquer tentativa de estimativa do futuro; porém, em que pese tal consideração, buscaremos sempre fundamentar os argumentos e as especulações que venham a ser feitas.

Começaremos falando, em geral, da sociedade contemporânea e suas possíveis alternativas a serem seguidas. Em seguida, buscaremos propor uma possível pauta de estudos para as ciências sociais, a julgar pelas necessidades apontadas, independentemente de cada sociedade em particular. Finalmente, não se imagina construir qualquer narrativa definitiva sobre ambas as tarefas – apresentar uma palavra final sobre o assunto, como se diz –; ao contrário, a ideia é podermos vir a contribuir com esse debate, que nos parece fundamental no momento.

CAPÍTULO VII

UM CENÁRIO POSSÍVEL PARA O MOMENTO

O desafio a que nos propomos, agora, está longe de ser algo fácil, se o que se pretende é construir e fundamentar uma narrativa sustentável para o presente. Até porque uma das características atuais é a dificuldade em se formular quaisquer prognósticos, diante da elevada complexidade, demandas inéditas e um jogo político muito instável e altamente incerto, que apenas se apresenta em seus primeiros passos; ou seja, muita coisa deve mudar, antes de, minimamente, se estabelecer como tendência ou como realidade que deverá viger nos próximos anos. Enfim, este é o momento do embate de inúmeras indefinições e de uma situação ainda muito difícil de se antever. O que não nos impede de construir um cenário factível, ainda que inédito, e ao gosto de muitos atores que anseiam por mudanças importantes.

Nesse contexto, social e politicamente sujeito a muitas "variáveis", pretendemos evitar a formulação de quadros, típica de um economicismo, pleno de estatísticas, de conceitos especializados por essa área do conhecimento, e, até certo ponto, consistente com os modelos desenvolvidos – sejam estes liberais, keynesianos ou de quaisquer outras influências teóricas. Sem dúvida que dados estatísticos são muito relevantes, sobretudo no presente momento. Contudo, estão longe de esclarecerem os verdadeiros dilemas enfrentadas pela economia ou mesmo pela política. Desse modo, há a necessidade de se pensarem e construírem novas concepções, até mesmo as que costumam estar fora do espectro acadêmico dominante, e, por que não, considerado anátemas, posto que seus pressupostos negam o que seriam os conceitos considerados bem difundidos, como o que questiona a democracia representativa – mesmo que nos termos com que tem sido praticada –, e a própria natureza do capitalismo – consagrado quase que como lei da natureza. Ao contrário, entendemos que este é o momento de se questionar inclusive verdades consideradas consagradas e os "conhecimentos primeiros".[208]

---

208 Com todos os apreços quanto ao que é conhecimento bem consolidado e aceito por muitos como verdades alcançadas pela ciência, Gaston Bachelard nos chama a atenção para a importância de se pensar sobre questões e enunciados bem estabelecidos, a fim de se manter acesa a chama do pensamento científico, permanentemente inquiridor e inconformado. Em um pequeno trecho do livro *A formação do espírito científico*, o autor nos dá algumas indicações nessa direção – ao se dedicar, mais especificamente, ao ramo das ciências físicas –, que vale a pena considerar neste momento de grandes turbulências nas sociedades. Diz-nos: "Na formação do espírito científico, o primeiro obstáculo é a experiência primeira, a experiência colocada antes e acima da crítica – crítica esta que é, necessariamente, elemento integrante do espírito científico. Já que a crítica não pôde intervir de modo explícito, a experiência primeira não constitui, de forma alguma, uma base segura. Vamos fornecer inúmeras provas da fragilidade dos conhecimentos primeiros, mas desejamos, desde já, mostrar nossa nítida oposição a essa filosofia fácil que se apoia no sensualismo [obviamente, este não é o caso, necessariamente, de pesquisas que já acumularam muitos dados sobre a economia] mais ou menos declarado, mais ou menos romanceado, e que afirma receber suas lições diretamente do dado claro, nítido, seguro, constante e sempre ao alcance do espírito totalmente aberto. Eis, portanto, a tese filosófica que vamos sustentar: o espírito científico deve formar-se contra a Natureza, contra o que é, em nós e fora de nós, o impulso e a informação da Natureza, contra o arrebatamento natural, contra o fato colorido e corriqueiro. O espírito científico deve formar-se enquanto se reforma. Só pode aprender com a Natureza se purificar as substâncias naturais e puser em ordem os fenômenos baralhados. A própria psicologia tornar-se-ia científica se fosse discursiva como a física,

Em suma, a literatura especializada tem feito grande contribuição aos diagnósticos e eventual prognóstico da realidade, mediante seus dados, modelos e teorias bem consolidadas. Contudo, o momento requer outras visões, que pensem, inclusive, sobre o que já está bem consolidado e aceito (quase) como dogma.

Um dos aspectos do chamado *mainstream* crítico é o grande consenso que se forma quanto à ideia de que o capitalismo está em seus estertores. Nesse sentido, as crises recentes vivenciadas por esse sistema e pela sociedade como um todo não seriam apenas mais um simples fenômeno a ser superado com os recursos e as

---

se percebesse que, dentro – como fora – de nós, compreendemos a Natureza quando lhe oferecemos resistência. A nosso ver, a única intuição legítima em psicologia é a intuição da inibição. Mas não cabe aqui desenvolver essa psicologia essencialmente reacional. Só queremos destacar que a psicologia do espírito científico aqui proposta corresponde a um tipo de psicologia que pode ser generalizada. Não é fácil captar de imediato o sentido desta tese, porque a educação científica elementar costuma, em nossa época, interpor entre a Natureza e o observador livros muito corretos, muito bem apresentados. Os livros de física, que há meio século são cuidadosamente copiados uns dos outros, fornecem aos alunos uma ciência socializada e imóvel, que, graças à estranha persistência do programa dos exames universitários, chega a passar como natural; mas não é; já não é natural. Já não é a ciência da rua e do campo. É uma ciência elaborada num mau laboratório, mas que traz assim mesmo a feliz marca desse laboratório. Às vezes, trata-se do setor da cidade que fornece a energia elétrica e que vem, assim, trazer os fenômenos dessa *antiphysis* na qual Berthelot reconhecia o sinal dos novos tempos (...); as experiências e os livros agora estão, pois, de certa forma, desligados das observações primeiras. O mesmo não acontecia durante o período pré-científico, no século XVIII. Na ocasião, o livro de ciências podia ser um bom ou um mau livro. Não era controlado pelo ensino oficial. Quando trazia uma manifestação de controle, era em geral de uma dessas Academias provincianas constituídas por gente confusa e mundana. No caso, o livro tinha como ponto de partida a Natureza, interessava-se pela vida cotidiana. Era uma obra de divulgação para o conhecimento popular, sem a preocupação que confere às vezes aos livros de vulgarização um alto teor. Autor e leitor pensavam no mesmo nível. A cultura científica parecia abafada pelo volume e variedade de livros de segunda categoria, bem mais numerosos que as obras de qualidade. Aliás, é espantoso que em nossa época os livros de divulgação científica sejam relativamente raros. (BACHELARD, Gaston. *A formação do espírito científico*. Rio de Janeiro: Contraponto, 1996, pp. 29/30).

condições políticas de então, como o foram, de certo modo, a crise de 1930, superada com um choque "keynesiano". Com base no conceito habermasiano de níveis de justificação, não haveria mais condições sociais e políticas para a volta às soluções experimentadas no início do século passado. As bases de legitimação delas estariam, nessa visão, definitivamente superadas.

Tampouco caberia a volta ao paradigma proposto por Keynes, em momento em que se ressaltam os contextos dominados pelo liberalismo e suas formas dominantes, bem como pelo predomínio, sem precedentes, do mercado financeiro e dos interesses, à montante e à jusante, que se formaram em torno deste. Também não haveria mais condições, segundo especialistas,[209] para adiar a busca de soluções para os atuais impasses socioeconômicos (a ideia de "tempo comprado"). Ou seja, a julgar pelos acontecimentos recentes e pela necessidade de novas bases de legitimação para o sistema, é necessário um esforço concertado entre importantes atores atuais, na procura pelas saídas para muitos dos impasses (conforme procuramos analisar no capítulo anterior).

O chamado neoliberalismo não seria, ademais, uma alternativa viável, mas, ao contrário, o último estágio da forma atual do capitalismo, para vários analistas. O aumento das desigualdades e da pobreza no mundo, a atitude que ameaça conquistas importantes do trabalho e dos sindicatos, a perda de qualidade da saúde e da educação, e a atitude crescente de menosprezo a questões ambientais, são sinais desse fracasso anunciado. Enfim, são muitas as incertezas a vencer e nada indica, no horizonte próximo, que poderemos chegar a bom termo, a se manter a lógica que hoje prevalece no modo econômico de produção.

Ao mesmo tempo, não se vislumbra o crescimento de ações chamadas revolucionárias, como as que ocorreram na antiga União Soviética, China e em outros países. O mundo está descrente quanto

---

209 STREECK, Wolfgang. *Tempo Comprado*. Berlim: Suhrkamp, 2013.

a essa via ou às soluções do tipo "*top-down*". O socialismo, tal e qual o conhecemos hoje, não mais convence. O que fazer, então? Onde e de que forma encontrar uma saída socialmente aceitável e devidamente respaldada?

Soma-se a toda essa necessidade e anseio social a grande velocidade das transformações operadas pelos recursos tecnológicos desenvolvidos, comentado anteriormente, e de técnicas de gestão e controle comportamental. O que se constata é que não há tempo para acompanhar essas transformações, e, muitas vezes, sequer o interesse dos que tradicionalmente têm se beneficiado ao longo dos tempos. A saída para esse problema seria a expansão de uma "educação emancipadora", ou seja, da melhoria da educação em seu sentido mais amplo, capaz de formar e conscientizar os novos públicos para os desafios que hoje e amanhã se colocam. Contudo, permanece a questão: quem faria isso? O Estado, tal e qual atua? A iniciativa privada? As designadas organizações não governamentais? E, nesse caso, com que recursos? Em suma, quem, de fato, teria interesse nesse tipo de educação? Tudo isso ressalta que o tema da legitimação tende a se projetar no centro dos acontecimentos, quando os atores deverão se reunir para abordar e decidir sobre temas cruciais, a exemplo da educação.

O crescimento e o surgimento de grandes e poderosos blocos geopolíticos, como a China e seus parceiros, e a tendência à redução relativa dos Estados Unidos são outros fatores a considerar, no presente, quando o mundo se depara com os seus destinos próximos. De que modo vão se alinhar os novos blocos, como vai pender o chamado multilateralismo – e não se está a considerar eventuais abalos nesse cenário, a julgar pelo ascenso de alguns grupos ultranacionalistas e refratários a essa tendência (mas que deverão não se sustentar no médio prazo), a considerarem as forças econômicas, políticas e as emergentes necessidades sociais mundo afora –, e como serão as próximas pautas que daí virão e que representarão um novo eixo de decisões e de organizações – a atingir importantes práticas indicadas no operador social, movimentos sociais, e o aparato jurídico ora vigente nos diferentes países?

Em outras palavras, o que pretendemos dizer é que, cada vez menos haverá espaço para soluções circunscritas a um país, a uma realidade em particular; a tendência será que os principais temas de interesse comentados atinjam a todos, embora com as marcas da história e do contexto de cada sociedade. Ou seja, deverá haver um reforço na busca de soluções comuns, a exemplo do que ocorre nas discussões que envolvem o clima, e o eventual fortalecimento de órgãos multilaterais, ou na criação de novos, e o esforço na consolidação e criação de mecanismos de regulação transnacionais, como o que já se verifica, ainda que de modo incipiente, nos assuntos ligados ao acesso e à divulgação de informações provenientes das tecnologias de informação e comunicação e das plataformas digitais, bem como no papel que estas têm exercido na proliferação de *fakenews* em processos eleitorais. Tudo isso, a se constatar, obviamente. E não sem o eventual acirramento de tensões entre nações e grupos sociais, muitas vezes colocados em segundo plano e à margem de importantes processos decisórios.

Em termos do mundo vivido, também são possibilidades o fato de mudarem certo padrões de consumo, seja pela perda de poder aquisitivo, seja pelo contexto societal pós-pandemia, quando muitas pessoas passaram – por motivos forçados – a modificar certos hábitos adquiridos nos últimos anos, fomentado pelas indústrias e por uma necessidade de distinção social. Muitas mudanças relevantes também deverão ser observadas como consequência da ação mais direta e de maior confronto por parte de diversos movimentos sociais, os que questionam o mal uso do ambiente natural, os desperdícios e os que se colocam contrários a certos comportamentos típicos, em face à democracia representativa. Tudo isso, certamente, sujeito a muitos tensionamentos e resistências de todo o tipo, como se observam em reações sociais nos grandes centros urbanos. Nesse sentido, o que se espera é a atuação de indivíduos mais conscientizados, que começam a se manifestar de modo mais aberto nas cidades médias e grandes. Tais manifestações, a exemplo do *occupy wall street*, que incluem em suas pautas questões relacionadas à maior participação nos benefícios gerados pelo sistema – percebido como injusto e muito concentrador –, acesso e melhoria às moradias, e a melhor mobilidade urbana e saúde, entre outros pontos.

Em todo esse cenário, será decisivo o papel das grandes mídias, não apenas para melhor informar, mas, também, para abrir novos espaços de participação e manifestação social, em vista da conscientização do grande público. O que dependerá do grau de interesse delas, na medida, como se comentou anteriormente, elas compõem, igualmente, parte relevante de grupos econômicos. A exigência por maior regulação por parte do Estado e por sua maior atuação direta nesse importante setor da sociedade, também estão entre realidades possíveis de ocorrer.

Ainda no mundo vivido, as manifestações artísticas, de modo geral, tenderão a receber maior atenção por parte dos governos e das pessoas, em razão de eventuais mudanças no padrão de consumo e de, como consequência, maior tempo para esse tipo de lazer. Desse modo, é possível que, juntamente com a maior atenção à educação, sejam abertos novos canais de financiamento para as artes e para as várias manifestações espontâneas no interior da sociedade, dentro do anseio geral por se buscar nova legitimação. A esse respeito, é importante lembrar as contribuições de Adorno e Benjamim, na Escola de Frankfurt, sobre o papel crescente da cultura em nosso meio – mesmo se considerarmos as críticas eventuais que fizeram à indústria cultural –, e mesmo as de György Lukács. Na discussão sobre o "futuro" do indivíduo, a crescente burocratização da vida e a ideia weberiana da "jaula de ferro", dissera esse último autor: "algo no interior do homem resiste a isso [referindo-se à padronização da vida]".

Ao mesmo tempo que antevemos tais possibilidades de resistência nas artes, também tenderá a crescer a influência e sofisticação na criação e utilização da chamada inteligência artificial. Fato, este, que atinge a esfera econômica, mas, igualmente, a alçada dos comportamentos, mormente aqueles sujeitos à vigilância e ao controle por parte dos governos e de determinadas plataformas digitais. O quanto essa influência poderá ou não ser subordinada às necessidades dos indivíduos, ou, ao contrário, ser dominada pelos centros hegemônicos, ainda é uma questão aberta, que, por ora, muito nos aproxima de alguns quadros ficcionais, como os representados em romances distópicos.

Esses fatos tendem a repercutir no processo em curso e a se ampliar, a respeito da definição de novas bases de legitimação; como está assinalado, na Figura 1, na relação entre o mundo vivido e o operador social. Este, por sua vez, não se colocaria como mero receptor de mudanças ou de pressões oriundas de outros pontos marcados nessa figura, mas, distintamente, também jogará um papel relevante no processo mais amplo de legitimação da sociedade, seja mediante as várias práticas que a integram, notadamente, a econômica e a política, seja por meio de movimentos sociais emergentes. Daí, entendermos ser esse o plano decisivo (nível mesossociológico) para se observarem os principais acontecimentos que irão nortear a construção da legitimação e as mudanças mais relevantes nesse cenário.

É diante desse quadro, e nesse nível mesosociológico de abordagem, que se colocam muitas discussões a respeito dos desafios a serem enfrentados por muitas empresas sensíveis aos fatos tratados neste momento. De acordo com os trabalhos de Richard Wolff, é nesse plano, e não em discussões macrossociológicas, que deverão se desenhar os cenários das grandes transformações a serem operadas pelos atores, naquilo que o autor chamou de "cura do capitalismo",[210] dadas as profundas transformações e os dilemas do mesmo, conforme abordados mais minuciosamente no Capítulo V.

---

210 WOLFF, Richard. *The capitalism's crisis deepens*. Chicago: Haymarket Books, 2016, p. 2012.

Enfim, os comentários anteriores convergem para relevante distinção, estabelecida por Wolfgang Streeck, entre povos do Estado e povos do mercado. Os primeiros, voltados à maior participação cidadã, ao usufruto de manifestações artísticas independentes e à maior democratização dos espaços estabelecidos – nas empresas, em comunidades de vizinhança e em novas formas de construção de decisões sobre assuntos globais –; e os segundos, ligados às relações de consumo, ao individualismo e ao não comprometimento, necessariamente, com causas comuns aos seres humanos, ligadas à saúde, ao transporte público, à educação e ao ambiente. Quais desses tipos de relações tenderá a predominar ainda não está claro; contudo, o contexto atual abre espaço relevante para o surgimento e a consolidação dos povos do Estado, como uma possibilidade inédita, senão de todo, com mais força e apelo que a verificada até então, apontada, por exemplo, por Nancy Fraser.

Em outra linha de reflexões, Richard Wolff apresenta o que considera um novo formato que poderá fazer parte do dia a dia das empresas. É o que chama WSDE (*worker's self-directed enterprise* – em termos práticos, seriam os trabalhadores autodirigidos).[211] Para o autor, essa forma não substitui a organização capitalista como tal, mas destina a mais-valia a seus produtores, que, por sua vez, também a dirige e a conduz de acordo com os seus interesses. É o que chama democratização do espaço das empresas, que se coloca como uma nova possibilidade no contexto atual do capitalismo. A esse respeito, Richard Sclove também apresenta várias experiências de maior democratização das empresas no momento presente, ao examinar, mais especificamente, o papel representado pelas novas tecnologias nesse processo.[212]

---

211 WOLFF, Richard. *The capitalism's crisis deepens*. Chicago: Haymarket Books, 2016, p. 221.

212 SCLOVE, Richard. *Democracy and technology*. Nova York: The Gilford Press, 1995.

Juntamente com esse fato, a última crise do capitalismo e as mudanças societais também deverão rever o papel do chamado gerencialismo,[213] sobretudo no mercado financeiro. Para esses autores, os gestores e gerentes do sistema financeiro obtiveram ganhos extraordinários ao longo dos últimos anos. Vários são os dados que registram os benefícios e a concentração deles, comparativamente a outros setores da sociedade. Segundo ambos, esse aspecto, muito provavelmente, deverá ser examinado e eventualmente modificado, tendo em vista o aumento das desigualdades e da pobreza, em meio a esses vultosos benefícios cumulados por esse segmento social. Algo a ser acompanhado nos debates em busca da saída para as dificuldades enfrentadas pelo capitalismo de então.

O aumento do empreendedorismo também pode ser um novo elemento, pelo menos no plano discursivo, a alimentar o que alguns entendem serem as novas tendências no capitalismo contemporâneo e a viger no futuro imediato. Entretanto, esse fato presumível pode apontar, segundo críticos dessa tendência, para mais um componente do que Offe chama de "*déficit* de legitimação"; ou seja, a dificuldade insuperada, até então, de suprir o poder e a ordem dominante – as ordens estabelecidas e as deliberações para produzi-las – de uma base consistente de legitimação. Segundo esse autor, ao abordar o atual *déficit* de legitimação:

> Os elementos estruturais das sociedades industriais capitalistas que se destacaram da forma-mercadoria podem ser identificados em três níveis. Primeiro, quanto à parcela da população economicamente ativa cuja força de trabalho é efetivamente utilizada. Segundo, quanto à distribuição dessa parcela segundo as funções geradoras de mais-valia e as administrativas e na área dos serviços. E, terceiro, quanto

213 DÚMENIL, Gérard; LÉVY, Dominique. *The crisis of neoliberalism*. Cambridge: Harvard University Press, 2011.

> ao aproveitamento do valor social gerado em contextos de valorização capitalista ou em contextos concretos de uso (...). A importância da noção de *déficit* de legitimação. Não as "dificuldades de valorização do capital", mas os obstáculos criados pelos "*déficits* de legitimação" às tentativas de assegurar essa valorização através das formas político-administrativas, torna-se hoje o ponto de partida (não somente "econômico", mas também político) da teoria da crise capitalista.[214]

Enfim, toda essa discussão aponta para a necessidade da repolitização do capitalismo, ao contrário do que tem pregado o neoliberalismo. A esse respeito, e por tudo o que se disse até o momento, a manutenção dos padrões de ação do Estado e de sua concepção, bem como em sua relação com a economia e a sociedade como um todo, parece-nos insustentável. Contudo, a forma e como seria o novo *modus operandi* também ainda não estão claros, tampouco como cada sociedade colocará sua própria marca no mesmo, em razão de suas peculiaridades socioeconômicas e históricas. Tudo isso dependerá, igualmente, dos acertos globais estabelecidos entre as nações, em face à nova ordem socioeconômica que se coloca desde agora. Se estaremos, no entanto, diante de uma situação que poderia ser chamada "capitalismo ético",[215] é algo ainda muito distante para se especular no presente.

Outro aspecto a considerar em cenário futuro sobre o contexto atual refere-se ao papel desempenhado pelas Igrejas e pelas religiões tradicionais. Com o avanço da globalização e a padronização de costumes, novas agendas provenientes originalmente dessas instituições têm se colocado como uma forma relevante de

---

214 OFFE, Claus. *Problemas estruturais do Estado capitalista*. Rio de Janeiro: Tempo Brasileiro, 1984, pp. 190 e 200.

215 CROUCH, Colin. *The Strange non-Death of Neoliberalism*. Cambridge: Polity Press, 2011.

resistência. Não é sem razão que têm feito parte crescente de movimentos nacionalistas e do ascenso da direita radical uma pauta de costumes, como forma de garantir certos valores considerados ameaçados pelas ondas de mudança mundo afora. As maneiras como tais instituições têm evoluído e se manifestado publicamente variam muito: de movimentos terroristas radicais à transformação e apropriação de muitas igrejas por grandes grupos econômicos, transformando as motivações iniciais em espaços radicais de luta ou em verdadeiras empresas, apropriadas por poucos, em detrimento da fé e da sincera defesa de valores.

A crescente busca ou aproximação com a religião pode ser também um componente da crise de motivação, apontada no capítulo que tratou da problemática da legitimação. De acordo com Habermas,[216]

> Outra síndrome de motivação pode ser analisada de pontos de vista semelhantes. Por um lado, é determinado de acordo com as orientações de valor especificamente burguesas do individualismo de propriedade e do utilitarismo benthamiano; por outro lado, tanto o *ethos* profissional e voltado para o desempenho das camadas intermediárias quanto **o fatalismo das camadas inferiores precisa ser reafirmado nas tradições religiosas** (grifo não original). Através das correspondentes estruturas familiares e técnicas de ensino, essas tradições são transpostas para os processos de formação, que geram estruturas motivacionais específicas para cada classe social.[217] (tradução nossa).

216 HABERMAS, Jürgen. *Problemas de legitimación en el capitalismo tardio.* Madrid: Cátedra, 1973.

217 "El otro síndrome de motivación puede analizarse desde puntos de vista análogos. Por una parte, se determina de acuerdo con las orientaciones de valor, especificamente burguesas, del individualismo de la propiedad y del utilitarismo benthamiano; por otra parte, tanto el ethos profesional de las capas medias, orientado hacia el rendimiento, como el fatalismo de las capas inferiores necesitan reasegurarse en las tradiciones religiosas. A través de las

A referência à noção de classes, aqui, parece-nos relevante, na medida em que estas correspondem a diferentes formas de inserção e de participação em movimentos religiosos. É o que se verifica, por exemplo, nas periferias de muitas cidades, mediante a participação massiva de populações de subempregados, desempregados e de amplos segmentos de trabalhadores; fato que não significa, necessariamente, que tais segmentos sociais sejam os únicos a comporem várias dessas instituições religiosas no momento. Porém, parece evidente serem importantes estas parcelas no seguimento às mesmas. De qualquer modo, somente estudos empíricos acurados poderão melhor explicitar quais os percentuais e de que forma as diferentes classes atuam em inúmeros movimentos religiosos. Independentemente de quaisquer resultados, parece-nos uma tendência a persistência e, eventualmente, o crescimento desses movimentos, bem como a influência deles na construção de novas bases de legitimação do poder político.

O que se constata, ao final dessa discussão, é a existência de muitas crises nas instituições tradicionais, a falta de clareza quanto ao modo como serão superadas e a ampliação da despolitização das massas, ao mesmo tempo em que surgem e se consolidam novos movimentos sociais, sejam estes em defesa dos valores considerados mais relevantes para muitos segmentos, na garantia de novos empregos e no crescimento profissional – ao lado de relevantes avanços obtidos pelas novas tecnologias –, e na melhoria e no acesso à saúde, à educação, aos transportes públicos e às artes. Tudo isso torna-se demanda crescente para muitas pessoas, em geral as alijadas dos benefícios gerados pela riqueza, junto com a difusão de uma anomia que recalca, aniquila os indivíduos e os manipula – papel que tem cabido à difusão da mentira –, em

---

correspondientes estructuras familiares y técnicas de enseñanza, esas tradiciones son traspuestas a los procesos de formación, que generan estructuras de motivación específicas a cada clase social". (HABERMAS, Jürgen. *Problemas de legitimación en el capitalismo tardio*. Madrid: Cátedra, 1973, p. 135).

vista de se obterem novas formas de dominação, naquilo que Offe designou como uma seletividade excludente.

Para muitos, é o quadro típico de várias distopias, na contramão de novos e importantes anseios sociais, sobretudo por maior participação e interferência direta no rumo dos acontecimentos, ao invés de deixá-los, pura e simplesmente, à mercê dos políticos e de seus interesses, muitas vezes em dissonância com os do grande público. É o que alguns analistas têm apontado como a crise da democracia, da democracia representativa ou de sua forma liberal, como procuramos abordar no início deste capítulo, e que nos parece ser um grande foco de atenções e debates no presente cenário e no imediatamente próximo; ou seja, algo que, para nós, não poderá ser adiado por quaisquer medidas meramente paliativas para "salvar" o sistema.

CAPÍTULO VIII

UMA AGENDA DE PESQUISA PARA AS CIÊNCIAS SOCIAIS

Propor uma agenda de pesquisa para as ciências sociais, diante do cenário turbulento que se apresenta é uma tarefa para muitas pessoas e muitos programas de estudos consolidados. Contudo, não poderíamos encerrar este livro sem esboçarmos algumas contribuições para esse debate. Insistindo, contudo, em sua precariedade, em face às muitas controvérsias e à realidade altamente imprevisível deste momento.

Isto posto, parece-nos claro que uma das primeiras providências a se propor é a ampliação considerável da realização de mais estudos empíricos, em diferentes sociedades, visando a conhecer mais de perto e com mais pormenores suas peculiaridades e como cada uma deverá enfrentar a difícil e inadiável tarefa de construir novos critérios e formas de legitimação do poder, a atingir o Estado, as diferentes empresas e organizações não governamentais, o aparato jurídico prevalente, os movimentos sociais e as relações interpessoais como um todo.

Em suma, o momento requer muito mais estudos e dados sobre a realidade que presenciamos, e, se possível, que mantenham como foco alguns dos temas relevantes que abordamos. Nesse sentido, sem negar a importância e a liberdade do que escolher para pesquisar, faz-se mister que haja um esforço concentrado na compreensão dos fatores responsáveis pela crise capitalista, e, de modo geral, do que chamamos de crise societária, a condicionar muitos outros aspectos da vida coletiva.

Não são suficientes, por exemplo, ainda que muito necessários, os estudos econômicos, sobretudo se estes tendem a negligenciar ou minimizar outras dimensões, como a política, a ideológica, e assim por diante. O que se quer insistir, e procuramos argumentar sobre isso ao longo do trabalho, é na necessidade de realização de pesquisas que procurem articular essas diferentes dimensões da vida em sociedade.

Nessa mesma linha, e sem pretender se sobrepor ao saber técnico e científico especializado, a respeito, por exemplo, do mundo da vida, entendemos que uma nova agenda para as ciências sociais não pode prescindir de buscar construir um diálogo entre esses saberes, como partes de um mesmo todo, sob o risco de se cair no viés de um reducionismo sociológico, como se essa área do conhecimento, isoladamente, explicasse o que é fundamental na dinâmica social. Ao contrário, somos condicionados por um conjunto amplo de processos químicos, biológicos e hormonais, que muito condicionam nossas decisões e comportamentos, além, obviamente, dos fatos cujas consequências nem sempre prevemos ou que, em muitas situações, nos surpreendem e acabam por interferir diretamente na sociedade e nos arranjos, quiçá políticos, estabelecidos. É o caso da pandemia do Coronavírus que a todos, em escala global, impôs restrições e novos padrões de regulação social, do cotidiano ao nível mais amplo de organização social. Nesse sentido, não se defende que cada sociólogo seja um biólogo, um químico ou um engenheiro, por exemplo – isso seria uma sandice –, mas que não se limite a seu campo do conhecimento, como se este fosse responsável por dar a última palavra.

Inicialmente, o cenário atual parece conclamar a todos, independentemente de suas *expertises*, a participarem e a contribuírem com o grande tema ambiental, a considerar, sobretudo, suas múltiplas implicações em praticamente todos os aspectos da sociedade. Ou seja, a natureza não pode ser apenas, se o fora em algum momento, mera expectadora passiva de tudo o que se faz ou se produz no Planeta. Isso toca fortemente no eventual padrão dominante de exploração e produção capitalista, mas, igualmente, em certos padrões de consumo e do que é considerado descartável – a produção e o uso do plástico, a poluir os oceanos e as baías, representa exemplo relevante do que estamos dizendo agora.

Assim, é necessário compreender como as diferentes sociedades produzem e utilizam o plástico, quais os principais grupos beneficiários e por que, e como a sociologia pode contribuir para melhorar esse problema. E o mesmo pode ser dito em relação ao lixo urbano, e ao consumo nas grandes e médias cidades. Ou seja, isso deveria compor, a nosso ver, amplo programa de pesquisas, cuja prioridade é muito alta, comparativamente a outros temas que tem interessado aos cientistas sociais. Numa palavra, a problemática ambiental, por suas características e impactos em muitos setores das sociedades, deve fazer parte de atenção especial dos pesquisadores, das agências de pesquisa e dos órgãos que as financiam.

Essa discussão está conectada a outra necessidade, percebida por nós no decorrer desta discussão, especialmente quando abordamos o mundo vivido e a necessidade de se repensar a construção identitária: as novas demandas por maior participação e muitas críticas percebidas no interior das sociedades quanto às formas tradicionais de democracia. Formas, estas, que, a depender da atuação de grupos políticos de posições extremas, na manipulação dos comportamentos e das atitudes dos indivíduos, podem prejudicar a sociabilidade, a tolerância com relação às diferenças e facilitar a emergência de novas formas de autoritarismos. Referimo-nos, aqui, à importância de que as ciências sociais se aproximem consideravelmente da psicologia social e de áreas correlatas, a exemplo da relevante contribuição de Erich Fromm, na Escola de Frankfurt. A esse respeito, consideramos oportuna e extremamente relevante, entre outras, sua obra *O medo à liberdade*, publicada originalmente em 1941, em meio a Segunda Guerra Mundial, e que representa críticas psicossociais relevantes do autoritarismo, da destrutividade e do conformismo, bem como do surgimento e da consolidação do nazismo, no contexto alemão da época.

A aproximação das ciências sociais com essa área do conhecimento torna-se indispensável para se compreender os fenômenos da alienação e despolitização das massas, e sua perda de interesse com as questões relacionadas ao futuro das sociedades – para se construírem e estabelecerem os "povos do Estado", segundo a terminologia de Wolfgang Streeck, que, na abordagem desse autor, deveriam se contrapor aos "povos do mercado". Isso, para ilustrarmos, com um único tópico, a relevância de maior estreitamento com a psicologia social e também com a psicanálise.

Outro ponto relacionado a este está ligado à tentativa de compreender até que ponto os ressentimentos, as frustrações e os recalques, de modo amplo, se manifestam atualmente, seja a engrossar as fileiras dos grupos de extrema direita, seja na reprodução de formas de dominação, sob a aparência de "libertação", como se observa em muitas narrativas provenientes de certas igrejas e de movimentos religiosos.

A propósito, outro aspecto a merecer maior atenção em uma agenda de pesquisa para as ciências sociais é buscar entender mais a fundo as raízes e as formas principais de organização de determinados movimentos religiosos. Sobre esse assunto, convém assinalar que uma tradição relevante das ciências sociais, encontrada desde obras seminais de seus clássicos, tem sido o estudo das ou sobre as religiões. Desse modo, convém perguntar: em que medida temos nos afastado dessa linha de preocupações, sobretudo, hoje, com o recrudescimento das mesmas, diante de novos contornos, como a perda de "pontos fixos" (comentada no Capítulo VI), com o crescimento da anomia, e a necessidade da busca de sentido para a vida, ligada a essa perda e à ampliação de uma "crise motivacional".

O cenário presente também requer que as ciências sociais repensem o lugar e a importância da economia em seus programas de trabalho. É muito importante que se construam trabalhos conjuntos com essa última área do conhecimento, ao se buscarem pontos de entendimento e de conexão entre elas.

Juntamente com isso, faz-se mister que as ciências sociais passem a dedicar mais atenção às práticas científica e tecnológica, que se colocam hoje como centrais, seja para a formulação das narrativas que as negam ou as minimizam, seja para a definição de novos rumos estabelecidos pelo desenvolvimento capitalista. Nesse tópico, se insere a necessidade de se compreenderem melhor as novas tecnologias de informação e comunicação, e, particularmente, a chamada inteligência artificial. Daí a oportunidade para se avançar no entendimento do que são áreas obscuras, como a das "criptomoedas" e do dinheiro virtual, se assim escolhemos uma designação ampla para elas.

Ligado a essas discussões, no contexto presente, o Estado também é um aspecto muito importante a considerar na formulação de uma proposta para agenda das ciências sociais. De um modo geral ele tem sido deixado de lado, ou, negligenciado, quando se trata de abordar o estágio atual do capitalismo. A ênfase tem sido, a esse respeito, a análise de políticas públicas voltadas para cada ação concreta por parte dele. Por sua vez, não tem avançado muito a discussão sobre a sua natureza, composição e grupos de interesse especialmente beneficiados em muitas dessas políticas. Nesse sentido, a coordenação do processo econômico, que pressupõe uma autonomia, ainda que relativa, por parte do Estado, bem como sua condução em busca de legitimação, na linha da tradição marxista, tem sido minimizada em detrimento de outras teses, como as do neoliberalismo, que tendem a colocá-lo como uma espécie de epifenômeno do capitalismo; algo que, no fim das contas, não mereceria atenção especial. Contudo, os fatos mencionados neste livro, entre estes os que se referem a uma crescente crise entre democracia e economia, colocam-no no centro de muitos acontecimentos, e requerem, conforme estamos insistindo, maior atenção por parte dos cientistas sociais; mas não apenas para debaterem conteúdos e críticas a determinadas políticas formuladas por ele, mas para aprofundar o entendimento acerca de sua natureza e atuais dificuldades para atender a demandas consideradas urgentes, face aos avanços verificados no capitalismo. Ou seja, parece-nos muito importante que se ampliem os estudos sobre o Estado, principalmente se o debate passa a girar em torno das novas atribuições que passariam a compor sua organização e forma de atuação, como as mencionadas por alguns especialistas ao tratarem desse tema.

Do que se está a considerar, percebe-se, crescentemente, a importância de maior interdisciplinaridade, de se retomar temas que, por uma razão ou por outra, saíram de moda, e de se aprofundar na compreensão de assuntos que, pouco a pouco, foram sendo considerados "alheios" às ciências sociais, em razão de terem se tornado muito obscuros para essas áreas do conhecimento ("coisa para especialista"), ou em virtude da natureza social da pesquisa científica e a tecnológica – novos e grandes grupos de interesse na pesquisa, nos termos da noção de paradigma de Thomas Kuhn, nos quais não conseguem entrar os cientistas sociais, considerados por muitos como não cientistas ou, meramente, como meros propagadores de ideologias. Nesse sentido, as ciências sociais precisam se fazer ouvir e dizer algo para a economia, e para as ciências de modo geral; o que requer muita competência, estudos bem fundamentados e ações consequentes nesse sentido.

Os estudos sobre o que são chamados, em determinados círculos acadêmicos, o "conteúdo social" da ciência e da tecnologia representam contribuições relevantes, na medida em que ajudam à aproximação com outras áreas do conhecimento, ao propiciarem melhor entendimento das grandes redes de influência, à montante e à jusante da pesquisa propriamente dita, especialmente nas *hard sciences*, que acabam por condicionar o próprio curso dos acontecimentos na construção do conhecimento e a colocar em questão a pretensão dominante da neutralidade nas mesmas.

Tudo isso, ademais, há de contribuir para maior estreitamento entre o ambiente acadêmico e o grande público, em geral alheio aos resultados provenientes dos laboratórios e a suas publicações. Para ajudar a melhorar essa relação, sempre mais necessária, a se pensar em uma educação emancipadora, também se inserem as ciências sociais. Em suma, faz-se mister investir muito esforço na compreensão das linguagens entre esses diferentes grupos – um, ainda menos homogêneo que o outro – e se propor ações concretas para maior aproximação entre eles. Sobre isso, entendemos não ser viável a reprodução pura e simples da ideia de que a ciência deve se eximir de questões de responsabilidade. Se nos parece bem razoável que a produção de conhecimentos se dê sem quaisquer intromissões, sejam estas políticas, ideológicas, religiosas e assim por diante, o mundo está a cobrar muito mais dos intelectuais e pesquisadores, entre os quais se incluem os cientistas sociais, e maior envolvimento e responsabilidade com os rumos e eventuais aplicações do conhecimento, na busca de uma utopia de maior liberdade dos indivíduos. O que implica, na medida em que tais premissas são aceitas, muito mais conhecimento a produzir nessa direção; na linha de construir novas agendas de pesquisas para as ciências sociais.

Finalmente, o momento é propício para se ampliar o tema da verdade e de sua busca, como a forma mais aceita, crescentemente, para uma justa convivência entre diferentes povos, etnias, nações e culturas. Daí, também, a importância das artes como manifestações relevantes de tais diferenças, seja para nós (das ciências sociais) as estudarmos com mais vagar, seja para se colaborar no esforço por construírem novos critérios de legitimação e de aceitação do poder político em suas várias esferas de atuação e de existência.

Procurar contribuir para o debate sobre esses assuntos, melhor compreendê-los e agir com consequência, em momento crucial para todos nós, foi algo que sempre nos motivou. E, a julgar pelo ritmo e alcance das mudanças já em andamento, estamos longe de o esgotar.

CONSIDERAÇÕES FINAIS

Este livro não teve como intenção realizar qualquer diagnóstico definitivo sobre o estágio atual do capitalismo, tampouco dos emergentes desafios colocados à problemática da legitimação. O que se buscou, fundamentalmente, foi contribuir com o que consideramos temas indispensáveis para qualquer ambiente acadêmico ou não, preocupado com a situação que, embora latente, se revelou mais claramente com a pandemia, relacionada aos impasses presentes trazidos pelo capitalismo.

Nesse sentido, espera-se ter trazido à baila questões que, em nosso entendimento, precisamos lidar, sob o risco, como foi o ocorrido com a pandemia, de sermos surpreendidos fortemente. Que tipos de acontecimentos ainda estariam sendo gestados foram, de algum modo, tratados no presente trabalho: desde as importantes transformações operadas com o avanço das tecnologias – sobretudo as relacionadas à informação e à comunicação –, até o crescente processo de empobrecimento, mundo afora, na medida em que procura se consolidar o neoliberalismo; aqui, tratado sistematicamente em um dos capítulos.

Outra eventual contribuição que apresentamos refere-se à primeira parte, que discute vários aspectos teóricos ligados ao tema da legitimação. Muitos destes inéditos, em razão da própria dinâmica do neoliberalismo e de suas narrativas, como se procurou ressaltar ao longo deste trabalho, das inúmeras áreas atingidas e dos novos processos surgidos entre os atores diretamente atingidos pelos acontecimentos, como os desempregados e os subempregados, e grandes populações atingidas ou desamparadas pelas recentes medidas relacionadas ao trabalho e à sua seguridade. Enfim, não seria pouca coisa, se fosse considerado cada aspecto isoladamente. Contudo, examinando suas mútuas e recíprocas influências, os novos processos de organização e de mobilização política, ancorados pelas plataformas tecnológicas, o cenário é extremamente complexo e desafiador.

Ao mesmo tempo, procurou-se insistir na importância da realização de mais estudos empíricos, e, mesmo, teóricos, para compreender essa realidade ainda muito obscura, capaz de ocupar muitos acadêmicos e o público em geral. Propiciar ganhos de entendimento acerca dessa realidade foi o principal objetivo deste livro, que é, desse modo, um trabalho ainda muito incompleto e longe de consensual, em suas várias interpretações.

Foram oito capítulos interrelacionados, nos quais procuramos, dentro de uma linguagem pretensamente clara e objetiva, discorrer sobre o estágio atual do capitalismo, sua crise, seus desdobramentos no interior da sociedade, bem com suas implicações sobre os processos de legitimação, indispensáveis para manter coeso o tecido social. Não pretendemos, aqui, reproduzir cada uma das discussões realizadas. Foram muitos os pormenores, os quais não cabem, aqui, sua repetição. Não obstante, fica evidente, ao final, a relevância de aprofundar a compreensão teórica dos fenômenos em tela, que têm sido minimizados em narrativas simplificadoras ou que buscam meros alinhamentos políticos. Por outro lado, ficou também evidente a importância da atuação prática dos vários atores e dos movimentos sociais emergentes, inclusive os atinentes ao próprio funcionamento e organização das empresas capitalistas contemporâneas.

O jogo está apenas se iniciando, em que pesem sua história e suas crises – analisadas em capítulo específico, referimo-nos, aqui, aos fatos que surgem e que tendem a inviabilizar o sistema, ou a abrir novas janelas de oportunidade. Somente a prática concreta poderá apontar para o que deverá correr: se a consolidação do atual modo de produção, ou se sua ameaça em face aos novos desafios, presentes, sobretudo, nos movimentos sociais em curso. Somente o avançar desse jogo poderá apontar para uma ou outra direção, seja esta em nível global ou local. Daí que não cabem previsões quanto a eventuais desfechos desses fenômenos.

Como se disse, buscar acentuar a complexidade em cena, e, não só, identificar diferentes e importantes narrativas dos diferentes grupos sociais, seus enfrentamentos – muitas vezes encobertos –, evidenciar a necessidade de se avançar na construção de novos quadros teóricos e categorias analíticas para lidar com os fatos atuais e estimular esforços relevantes nesse sentido foram as principais motivações do livro.

REFERÊNCIAS BIBLIOGRÁFICAS

AGLIETTA, Michel. *A theory of capitalist regulation*: the US Experience. Londres: Verso, 1999.

ALTHUSSER, Louis. *A favor de Marx*. 2ª ed. Rio de Janeiro: Zahar, 1979.

ALTHUSSER, Louis; BALIBAR, Étienne; RANCIÈRE, Jacques. *Ler O Capital*. vol. 2. Rio de Janeiro: Zahar, 1980.

ANDERSON, Perry. "Balanço do neoliberalismo". *In*: SADER, Emir; GENTILI, Pablo (Coord.). *Pós-neoliberalismo*: as políticas sociais e o Estado democrático. Rio de Janeiro: Paz e Terra, 1995.

BACHELARD, Gaston. *A formação do espírito científico*. Rio de Janeiro: Contraponto, 1996.

BARAN, Paul; SWEEZY, Paul. *Capitalismo Monopolista*. Rio de Janeiro: Zahar, 1974.

BELLUZZO, Luiz Gonzaga. *O capital e suas metamorfoses*. São Paulo: Editora Unesp, 2013.

______. *O tempo de Keynes nos tempos do capitalismo*. São Paulo: Contracorrente, 2016.

BLYTH, Mark. *Austeridade*: a história de uma ideia perigosa. São Paulo: Autonomia Literária, 2017.

BOBBIO, Norberto; MATTEUCCI, Nicola; PASQUINO, Gianfranco. *Dicionário de Política*. Brasília: Editora Universidade de Brasília, 1998.

BOLTANSKI, Luc; CHIAPELLO, Ève. *O Novo Espírito do Capitalismo*. São Paulo: Martins Fontes, 2009.

BOURDIEU, Pierre. "O campo científico". *In*: ORTIZ, Renato (Coord.). *Pierre Bourdieu*; sociologia. São Paulo: Ática, 1983.

______. "The essence of neoliberalism". *Le Monde Diplomatique*, dez. 1998. Disponível em: https://mondediplo.com/1998/12/08bourdieu. Acessado em: 09.09.2022.

BOURRICAUD, François. "Legitimacy and legitimization". *Current Sociology*, vol. 35, nº 2, 1987.

BOYER, Robert. *The regulation school*: a critical introduction. Nova York: Columbia University Press, 1990.

BROWN, James Robert. *Who Rules in Science*: an Opinionated Guide to the Wars. Cambridge: Harvard University Press, 2001.

BROWN, Wendy. *Undoing the Demos*: Neoliberalism's Stealth Revolution. Nova York: Zone Books, 2015.

BRUNHOFF, Suzanne de. *La oferta de moneda*: crítica de un concepto. Buenos Aires: Editorial Tiempo Contemporaneo, 1975.

______. *A hora do mercado*: crítica do liberalismo. São Paulo: Editora Unesp, 1991.

CALLON, Michel. *La Science et ses Reseaux*: genese et circulations des faits scientifiques. Paris: La Découverte, 1989.

CAMPBELL, Lisa M. *Conservation narratives in Costa Rica*: Conflict and co-existente. Oxford: Development and Change, 2002.

CASTELLS, Manuel (Coord.). *Outra economia é possível*. São Paulo: Zahar, 2019.

CASTELLS, Manuel. *A sociedade em rede*. São Paulo: Paz e Terra, 1999.

______. *Ruptura*: a crise da democracia liberal. Rio de Janeiro: Zahar, 2018.

______. *Redes de indignação e esperança*: movimentos sociais na era da internet. Rio de Janeiro: Zahar, 2013.

CHESNAIS, François (Coord.). *A mundialização financeira*: gênese, custos e riscos. São Paulo: Xamã, 1998.

______. *A finança mundializada*: raízes socais e políticas, configuração, consequências. São Paulo: Boitempo, 2005.

CHESNAIS, François. "A teoria do regime de acumulação financeirizado: conteúdo, alcance e interrogações". *Economia e Sociedade*, Campinas, vol. 11, nº 1, jan./jun. 2002.

______. "The power of financial capital and its links with productive capital". *Conferência proferida no IIRE Economy Seminar*, Amsterdã, 14 fev. 2014. Disponível em: http://www.4edu.info/index.php/IIRE_Economy_Seminar_2014. Acessado em: 09.09.2022.

______. *A mundialização do capital*. São Paulo: Xamã, 1996.

CROUCH, Colin. *The Strange non-Death of Neoliberalism*. Cambridge: Polity Press, 2011.

DARDOT, Pierre; LAVAL, Christian. *A nova razão do mundo*. São Paulo: Boitempo, 2016.

DÚMENIL, Gérard; LÉVY, Dominique. *Capital resurgent*: roots of the neoliberal revolution. Cambridge: Harvard University Press, 2004.

______. *The crisis of neoliberalism*. Cambridge: Harvard University Press, 2011.

FERREIRA, Aurélio Buarque de Holanda. *Novo Dicionário da Língua Portuguesa*. 2ª ed. Rio de Janeiro: Nova Fronteira, 1986.

FOUCAULT, Michel. *Microfísica do Poder*. Rio de Janeiro: Graal, 1979.

______. *Nascimento da biopolítica*: curso dado no Collège de France, 1978-1979. São Paulo: Martins Fontes, 2008.

FRASER, Nancy. *Crise de legitimação?* Sobre as contradições políticas do capitalismo financeirizado. Florianópolis: UFSC, 2015.

GIDDENS, Anthony. *Sociologia*. Lisboa: Fundação Calouse Gulbenkian, 2001.

HABERMAS, Jürgen. *A crise de legitimação no capitalismo tardio*. Rio de Janeiro: Tempo Brasileiro, 1980.

______. *Para a reconstrução do materialismo histórico*. São Paulo: Brasiliense, 1983.

______. *Problemas de legitimación en el capitalismo tardio*. Madrid: Cátedra, 1973.

______. *Técnica e ciência como ideologia*. Lisboa: Edições 70, 1968.

______. *Teoría de la acción comunicativa*. Madrid: Taurus, 1988.

______. *Para a reconstrução do materialismo histórico*. São Paulo: Brasiliense, 1990.

HARVEY, David. *Condição pós-moderna*: uma pesquisa sobre as origens da mudança cultural. São Paulo: Edições Loyola, 2013.

______. *O neoliberalismo*: história e implicações. São Paulo: Edições Loyola, 2008.

______. *O novo imperialismo*. São Paulo: Loyola, 2005.

HAYEK, Friedrich A. *O caminho da servidão*. São Paulo: Instituto Ludwig von Mises Brasil, 2010.

HEISE, David. *Causal analysis*. Nova York: J. Wiley, 1975.

HILFERDING, Rudolf. *Finance capital*. Londres: Routledge Kegan Paul, [1910] 1981.

KEYNES, John Maynard. *A Teoria Geral do Emprego, do Juro e da Moeda*. (Coleção Os Economistas). São Paulo: Nova Cultural, 1996.

KITCHER, Philip. *Science, Truth, and Democracy*. Oxford: Oxford University Press, 2001.

KLEIN, Naomi. *The shock doutrine*: the rise of disaster capitalism. Nova York: Metropolitan Books, 2007.

LENHARDT, Gero; OFFE, Claus. "Teoria do Estado e política social". *In*: OFFE, Claus. *Problemas estruturais do estado capitalista*. Rio de Janeiro: Tempo Brasileiro, 1984.

LENIN, Vladimir Ilitch. *O imperialismo*: etapa superior do capitalismo. Campinas: UNICAMP, 2011.

LUHMANN, Niklas. *Legitimação pelo procedimento*. Brasília: UnB, 1980.

MARX, Karl. *Grundrisse*: manuscritos econômicos 1857-1858: esboços da crítica da economia política. São Paulo: Boitempo, 2011.

______. *O Capital*, vol. I. São Paulo: Boitempo, 2013.

______. *O Capital*, vol. III, tomo II. São Paulo: Nova Cultural, 1988.

MIROWSKI, Philip. *Never let a serious crisis go to waste*: how neoliberalism survived the financial meltdown. Nova York: Verso Books, 2014.

MOLLO, Maria de Lourdes Rollemberg. "Capital fictício, autonomia produção-circulação e crises: precedentes teóricos para o entendimento da crise atual". *Revista Economia*, Brasília, vol.12, nº 3, set./dez. 2011.

NASCIMENTO, Elimar Pinheiro do; TRIGUEIRO, Michelangelo. "Legitimação em Habermas, Luhman e Offe". *Revista Sociedade e Estado*, vol. 5, nº 2, 1990.

NERY, Maria Clara Ramos. *Sociologia Contemporânea*. Curitiba: IESDE, 2007.

OFFE, Claus. "Dominação de classe e sistema político: sobre a seletividade das instituições políticas". *In*: _____. *Problemas estruturais do Estado capitalista*. Rio de Janeiro: Tempo Brasileiro, 1984.

_____. *Problemas estruturais do estado capitalista*. Rio de Janeiro: Tempo Brasileiro, 1984.

OFFE, Claus; RONGE, Volker. "Teses sobre a fundamentação do conceito de Estado Capitalista e sobre a pesquisa política de orientação materialista". *In*: OFFE, Claus. *Problemas estruturais do estado capitalista*. Rio de Janeiro: Tempo Brasileiro, 1984.

PARANÁ, Edemilson. *A Finança Digitalizada*: capitalismo financeiro e revolução informacional. Florianópolis: Insular, 2016.

_____. *Bitcoin*: a utopia tecnocrática do dinheiro apolítico. São Paulo: Autonomia Literária, 2020.

PAULANI, Leda Maria. "A crise do regime de acumulação com dominância da valorização financeira e a situação do Brasil". *Estudos Avançados*, vol. 23, nº 66, 2009.

_____. "Capitalismo financeiro e estado de emergência econômico no Brasil: abandonando a perspectiva do desenvolvimento". *X Jornadas de Economia Crítica*, Barcelona, 2006.

_____. *Modernidade e discurso econômico*. São Paulo: Boitempo, 2005.

PENSADOR. *Estas são as 15 melhores distopias da literatura mundial*. Disponível em: https://www.pensador.com/livros_de_distopia. Acessado em: 21.09.2022.

PEREIRA, Leonardo Jorge da Hora. "Retomar a crítica interna do capitalismo? Revisitando a análise das crises em Problemas de legitimação no capitalismo tardio de Habermas". *In*: _____. *A noção de capitalismo tardio na obra de Jürgen Habermas*: em torno da tensão entre capitalismo e democracia. Campinas: Unicamp, 2012. (Dissertação de Mestrado).

PIKETTY, Thomas. *Capital in the Twenty First Century*. Harvard: Harvard University Press, 2014.

POLANYI, Karl. *A Grande Transformação*: as origens de nossa época. Rio de Janeiro: Campus, 2000.

POULANTZAS, Nicos. *As classes sociais no capitalismo de hoje*. 2ª ed. Rio de Janeiro: Zahar, 1978.

SAAD-FILHO, Alfredo; JOHNTSON, Deborah. "Introduction". *In*: _____. *Neoliberalism*: a Critical Reader. Londres: Pluto Press, 2005.

SCLOVE, Richard. *Democracy and technology*. Nova York: The Gilford Press, 1995.

SILVA, Lucas Trindade da; PARANÁ, Edemilson; PIMENTA, Alexandre Marinho. "De aparelhos ideológicos de Estado ao nascimento da Biopolítica, e volta". *Revista de Ciências Sociais*, Fortaleza, vol. 51, nº 3, nov. 2020/fev. 2021.

SOUSA, Ivan Sergio Freire de; SINGER, Edward Geraldo. "Tecnologia e Pesquisa agropecuárias; considerações preliminares sobre a geração de tecnologia". *Cadernos de Difusão de tecnologia*, vol. 1, nº1, jan./abr. 1984.

STREECK, Wolfgang. *¿Cómo terminará elcapitalismo?*: ensayos sobre um sistema em decadência. Madrid: Verso, 2016.

_____. *Tempo Comprado*. Berlim: Suhrkamp, 2013.

STREECK, Wolfgang; SCHÄFER, Armin (Coord.). *Politics in the Age of Austerity*. Londres: Polity, 2013.

TELSORJ, Charles; SAREY, James. *Psicologia*: uma introdução dos princípios fundamentais do comportamento. São Paulo: Cultrix, 1971.

TOURAINE, Alain. *La production de la société*. Paris: Seuil, 1973.

TRIGUEIRO, Michelangelo. *Ciência, verdade e sociedade*: contribuições para um diálogo entre a sociologia e a filosofia da ciência. Belo Horizonte: Fabrefactum, 2012.

_____. *Sociologia da Tecnologia*: bioprospecção e legitimação. São Paulo: Centauro, 2009.

TRIGUEIRO, Michelangelo; JORGE, Thaís de Mendonça. "O papel das redes sociais na participação política contemporânea: o caso Bolsonaro no Brasil". *XXXI Seminario Internacional da Associación Iberomericana de Sociologia de las Organizaciones y Comunicación*, Madrid, 2019.

VALENTE, Jonas Chagas Lúcio. *Tecnologia, Informação e Poder*: das plataformas online aos monopólios digitais. Brasília: UnB, 2019. (Tese de Doutorado).

WEBER, Max. *Economía y Sociedad*: esbozo de sociología comprensiva. México: Fondo de Cultura Económica, 1984.

WOLFF, Richard. *The capitalism's crisis deepens*. Chicago: Haymarket Books, 2016.

ADENDO 1

Quadro para uma contraposição atual entre Estado e mercado, segundo Crouch:[218]

Market failures, government solutions, and their failures

Market failures	*Standard government responses*	*Government failures identified by neoliberal critique*
1. Inability of market to deal with externalities	Regulation to enforce recognition of externalities *(e.g. pollution control standards)*	Regulation imposes excessive burdens on market; or is formalistic and slow to adapt to new problems; also regulatory capture
2. Problem of public and merit goods 3. Existence of 'goods without price' 4. Transaction costs of exchanges 5. Major, virtually immovable, barriers to entry exist in many sectors	Direct provision of goods by government, financed by taxation instead of prices to users *(e.g. education and health services)* Direct state provision of goods and services where true market competition cannot be secured *(e.g. public utilities)*	Unwanted services, unresponsive to customers; dominance of producer interests; high taxation; inadequate cost effectiveness
6. Inequalities of wealth and power accumulate as a result of persistent entry barriers	Redistributive taxation; free or subsidized provision of goods and services where inequalities are considered unacceptable *(e.g. education, health, social services, transport)*	As above; also, public service provision subject to lobbying from interests privileged by existing inequalities
7. Major practical obstacles to perfect information; inequalities in access to information	Decisions about service provision taken by well informed central policy elite	As above; also, excessive centralization and remoteness
8. Powerful interests, created by inequalities generated by 5 and 6, become insiders to political process	Public service codes of conduct stress separation of business and politico-administrative elites	Politico-administrative elites become out of touch with business approaches

218 CROUCH, Colin. *The Strange non-Death of Neoliberalism*. Cambridge: Polity Press, 2011, p. 73.

FIGURAS

A Editora Contracorrente se preocupa com todos os detalhes de suas obras! Aos curiosos, informamos que este livro foi impresso no mês de novembro de 2022, em papel Pólen Natural 80g, pela Gráfica Grafilar.